DAS TOTENBUCH DES ISLAM

Imam 'Abd ar-*Rahim* ibn Ahmad al-Qadi

DAS TOTENBUCH DES ISLAM

»Das Feuer und der Garten« –
Die Lehren des Propheten Mohammed
über das Leben nach dem Tode

GONDROM

Lizenzausgabe für Gondrom Verlag GmbH & Co. KG, Bindlach 1991
mit Genehmigung des Scherz Verlages, Bern und München.
Einzig berechtigte Übersetzung aus dem Englischen von Stefan Makowski
und Stephan Schuhmacher. Titel des Originals: "Islamic Book of the Dead".

ISBN 3-8112-0906-X

Ich habe an Allah geglaubt, und an Seine Engel, und an Seine Bücher, und an Seine Gesandten, und an den Jüngsten Tag, und an die Verheißung Allah-ta'alas über das Gute wie Böse an diesem Tage, und an die Auferstehung nach dem Tode.

Inhaltsverzeichnis

RATSCHLAG FÜR DEN TOD

Aus dem Diwan des
Sheikh Muhammad ibn al-Habib

نصيحة

تزود أخي للموت إنه نازل	ولا تطل الآمال يقسو لك القلب
وواظب على الفكر المعين على الجد	وسارع إلى الأعمال فالعمر يذهب
وفكر في أحوال القيامة دائما	كبعث ونشر والموازين تنصب
وكالصراط الذي له عقباته	تطول على العاصي ومشيه يصعب
ومن كان طائعا ولله مخلصا	يمر كبرق أو كريح فيذهب
وإن شئت أن تسقى من الحوض في الحشر	فلازم حب النبي ومن له ينسب
وصل على الهادي المشفع في الورى	فهو الذي لها إذ الخلق يرهب
عليه صلاة الله في كل موطن	وءال وأصحاب ومن يتحبب
وأسأل ربِّ الله نيل سعادة	وختما بحسنى لي ومن يتقرب

Bereite dich vor auf den Tod, du mein Bruder; denn er wird auf dich herabkommen. Und krame nicht deine Hoffnungen hervor, wenn dein Herz dich rauh behandelt.

Fahre beharrlich fort mit der Übung der Besinnung, welche dich bewußt macht und dich dazu bewegt, gute Taten zu tun, denn das Leben wird vergehen.

Bedenke immer wieder die Zustände der Letzten Stunde, die Auferstehung der Leiber, die Versammlung der Menschheit und die Waage, welche errichtet werden wird.

Und dann ist da die Brücke, auf der man Hindernisse aufgestellt hat, die das Überschreiten schwierig machen für die Ungehorsamen.

Während alle, die gehorsam und aufrecht gegenüber Allah waren, wie ein Blitz hinüberfahren oder wie ein Windstoß, um ihre Reise fortzusetzen.

Und wenn du wünschest, daß dir am Tage der Versammlung ein Trank gereicht werde aus der Quelle des Gartens, dann mußt du den Propheten lieben sowie seine Gefolgschaft.

Und segne den Führer, der Fürsprache einlegt für die Menschheit. Denn er ist es, der für uns alle bitten wird, wenn der Schrecken die Schöpfung erfaßt.

Möge der Segen Gottes in jedem Lande mit ihm sein; mit seiner Familie wie seinen Gefährten und jenen, welche ihn lieben.

Ich bitte Allah, den Herrn, um die Gabe der Glückseligkeit und ein Siegel tugendhafter Güte für mich und jene, die sich der Wahrheit nähern.

DER TOD – DER BEGINN EINER REISE

von 'Abd al-Qadir as-Sufi

Unser Prophet, der Segen Allahs und Sein Friede seien mit ihm, sagte: »Wer nicht an den Wahren Traum glaubt, der glaubt nicht an Allah und den Jüngsten Tag.«

Für den Menschen unseres gegenwärtigen Zeitalters gebildeter Unwissenheit, der mit einer Batterie von Erklärungen zu allen Erscheinungen ausgerüstet ist sowie mit einem Satz festgelegter Antworten auf alles außerhalb dieses Bereiches, mit Antworten, die ihn versichern, daß alles andere als unwirklich, als Fantasie oder Aberglaube anzusehen sei – für diesen Menschen ist eine Annäherung an das Thema des Lebens nach dem Tode schwierig, wenn nicht unmöglich. Unglücklicherweise ist das für den Muslim dieses Zeitalters genauso wahr wie für den *Kafir* (den Ungläubigen). Hat der Muslim dieses Zeitalters nämlich das genossen, was im technologischen Norden der Welt eine »Erziehung« genannt wird, so hat er im Grunde die vollständige *Kafir*-Weltsicht aufgenommen, welche mit jener Erziehung identisch ist und welche seinen Islam bis aufs äußerste von seinem *Imam* abgelöst hat. Nach der bedeutenden *Hadith**, welche die *Sahih des Imam Muslim* eröffnet, ist *Imam* der Glaube an die Einheit Gottes, an Seine Bücher, Gesandten und Engel, an den Jüngsten Tag und daran, daß die Waage aufgestellt wird. Mit anderen Worten, wahrer *Imam* ist kein leerer emotionaler Nebel, wie derjenige, den die Christen ihren Anhängern zumuten, sondern vielmehr eine dynamische und deutlich umrissene innere Geographie des Unsichtbaren. Für den Muslim ist dieses Unsichtbare wirklich und die sogenannte feste Welt unauflösbar mit einem unwirklichen, ungreifbaren Element verbunden. Im Koran wird dieser ungreifbare Aspekt der stofflichen Welt *Dunya** genannt.

In der muslimischen Kosmologie gibt es zwei »Zweiheiten«,

* Die im Text mit einem Sternchen (*) gekennzeichneten Begriffe sind in dem Glossar am Ende des Buches erklärt.

nämlich *Dunya/Akhira* und *Samawat/'Ard. 'Ard* ist die Erde, der feste Stoff der Berge und des Firmaments. Das Wort *Samawat,* die Himmel, stammt aus einer Wurzel, die dem Namen seine Bedeutung verleiht, denn durch die Himmel haben wir Unterscheidung und Getrenntsein und deshalb Benennung. Wir können also sagen, daß *Samawat/'Ard* die grundlegende Zweiheit dessen ist, was wir gewöhnlicherweise »Natur« nennen. Ihr entstammen Nacht und Tag und das ganze Reich der Gegensätze im Dasein.

Er hat die Himmel und die Erde in Wahrheit erschaffen.
Er macht, daß die Nacht dem Tage folgt,
und Er macht, daß der Tag der Nacht folgt,
und Er zwingt die Sonne und den Mond in seinen Dienst,
die in ihrem Lauf fortfahren für die ihnen vorbestimmte Zeit.
Ist Er nicht der Mächtige, der Vergebende? (Koran 39,5)

Da wir in einem Prozeß der Schöpfung leben, der auf dieser Zweiheit beruht, und doch gleichermaßen zu einer Welt gehören, welche eine göttliche Schöpfung ist, die »in Wahrheit« erschaffen ist, bedeutet dieses, daß Zweifaltigkeit – oder lassen Sie uns eher sagen Vielfältigkeit, denn mit der Einführung der »Zwei« betreten wir das Reich der Vielzahl – eine Offenbarung der Einheit ist, denn die Wahrheit, *Haqq,* ist Eins. Wegen der gleichzeitig gegebenen grundlegenden Spaltung oder Unterscheidung hat die Göttliche Wirklichkeit durch Seine Gesandten nicht nur die Wissenschaft der Einheit, *Tawhid,* offenbart, sondern auch die Wissenschaft der Unterscheidung zwischen den zahllosen und vielfältigen Formen der Schöpfung. Diese Wissenschaft nennen wir *Shari'a* oder »die Straße«, denn sie beinhaltet eine dauernde Bewegung und Veränderung des Verhaltens. In jedem Abschnitt dieser Reise der Menschheit findet sich der Mensch auf einer anderen

Bühne des Daseins; deshalb ist diese Straße für jedes Zeitalter und jede Zeit verändert worden, um der jeweiligen Zeit und dem jeweiligen Ort angemessen zu sein. Mit anderen Worten: Wenn auch jeder Prophet das gleiche über den Einen gesagt hat – denn Er ist unveränderlich, und wir können Ihn nicht mit irgendeiner Form gleichsetzen –, hat ein jeder seinem Volk doch verschiedene Lebensanweisungen gegeben, und zwar gemäß der Zeit, über die er herrscht.

Mit unserem Propheten Mohammed, dem Siegel der Propheten, der Segen Gottes und Sein Friede seien mit ihm, kommen wir zum letzten Abschnitt der Reise des Menschen auf Erden und demgemäß zur letzten Straße oder *Shari'a*. Deshalb stellt das Verhaltensmuster, die Lebensführung des Islam *(Dîn)* das letzte und weltumfassende Muster für die Menschheit dar. Für einen Muslim ist es unmöglich, den Islam zu leben – welcher ein Weg des Wissens ist, sein eigenes Erziehungssystem, das es nicht nötig hat, ausgeschmückt, ergänzt oder modernisiert zu werden –, wenn jener Muslim nicht zugleich nach seinem inneren *Imam* strebt. Das heißt, er ist verpflichtet, sein Verständnis des Daseins so lange zu entwikkeln, bis seine innere Wirklichkeit eine größere Bedeutung, Tiefe und Reichweite annimmt als seine äußere Wirklichkeit. Er ist, als Ergebnis dieser Entwicklung, durchscheinend und fließend, während der *Kafir* und *Munafiq*, derjenige, welcher die Wirklichkeit bedeckt, sowie der Heuchler fest und undurchsichtig sind, ohne Zugang zu ihrem eigenen inneren Dasein.

Für den *Kafir* ist diese Welt der Materie, was sie scheint, fest und dauernd. Der Koran sagt über diese unwissenden Menschen:

Sie sagen: »Wir leben und wir sterben,
und nur die Zeit zerstört uns.«

Für die Muslime dagegen ist das Dasein von einer anderen Dimension durchdrungen, und es ist diese Dimension, welche ihn die erste Zweiheit vollkommen anders sehen läßt. Diese zweite »Zweiheit« wird *Dunya/Akhira* genannt. *Dunya* ist die Welt als Schein. Diese Scheinwelt entsteht, wenn wir die Strukturen der phänomenalen Welt mit Werten und Bedeutungen durchtränken, welche wir mit dem einfachen festen Stoff solange verbinden, bis wir schließlich jene feste äußere Existenz nach »innen«, in unsere Vorstellung, verlegt und sie zur Landschaft unserer inneren Welt gemacht haben. Diese nennen wir *Dunya. Dunya* entstammt einer sprachlichen Wurzel, die jene Trauben am Weinstock bezeichnet, die greifbar scheinen, die jedoch außerhalb unserer Reichweite hängen, wenn wir sie pflücken wollen. Der Koran legt uns *Dunya* nahe und warnt doch gleichzeitig vor ihr. Folgen wir der Straße auf die rechte Weise und machen den Koran zu unserem Führer für äußere wie innere Erfahrungen, dann mögen wir *Dunya* »kosten« und uns an ihr erfreuen – gerade weil wir ihr wahres Wesen kennen. Durch sie erhalten wir Süße und Kummer, Freuden und Pein. Doch keine von diesen Erfahrungen nimmt uns gefangen, denn wir haben unsere Herzen von *Dunya* abgekehrt. Dem *Kafir* dagegen ist *Dunya* die eigene innere Wirklichkeit, und deshalb glaubt er sich selbst mit seinem physischen Körper, seinem Besitz und seinen Freunden verbunden. Er sieht die Dinge nicht, wie sie sind. *Dunya* wird seine Droge.

> Abu Hurayra berichtete, der Gesandte Gottes habe gesagt: »Ein Mann sagt: ›Mein Besitz, mein Besitz!‹ Allerdings besteht der Teil seines Besitzes, welcher wirklich der seine ist, nur aus drei Dingen: Dem, was er ißt und verbraucht; dem, was er als Kleidung trägt und durchscheuert; und dem, was er weggibt und dadurch gewinnt. Alles übrige wird er den anderen hinterlassen, wenn er fortgeht.«

In dieser berühmten *Hadith* deutet der Prophet, Allahs Segen und Sein Frieden seien mit ihm, auf die Wirklichkeit hin, die zu sehen der Mensch unfähig wird, wenn er durch *Dunya* hypnotisiert ist. Die Wahrheit ist, daß sich *Dunya* in jedem Augenblick von uns entfernt, und *Akhira* – die kommende Welt – sich in jedem Augenblick auf uns zubewegt. Fortdauernd treten wir aus dieser Welt hinaus in die kommende hinein. Diese Welt ist ein ständiges Vergehen, wie die nächste Welt ein ständiges Sich-Nähern ist. Aus eben diesem Grunde füllt der Muslim, der *per definitionem* ein Mensch des Wissens ist, seine innere Wirklichkeit mit der Landschaft der *Akhira* aus, um nicht durch Anhaften an und Besessenheit von Dingen und Menschen gefangengenommen zu werden. Der *Mu'min**, derjenige, der *Imam* besitzt, bewegt sich in der *Dunya* wie ein Fremder, da seine innere Wirklichkeit kein Inventar stofflicher Gegenstände, sondern ein Reich der Schönheit und engelhaften Wirkens ist.

Nun hat Gott den Traum nicht nur als ein Mittel der Führung und Unterweisung geschaffen – ich beziehe mich auf den Wahren Traum – sondern auch als ein Fenster zum Unsichtbaren. Er hat dem Menschen in dieser Welt einen Zugang zum Reich der Bedeutungen gegeben. Diese – die feste Welt – ist das Reich der Taten, jene – die ungreifbare Welt – ist das Reich der Bedeutungen. Hier sind wir tätig, dort werden unsere Taten beurteilt. Hier haben wir Kenntnisse, dort gewinnen wir *Tajalliyat**. In dieser Welt rezitiert der Muslim die *Sura al-Baqara,* die erste große Einheit des Koran; in der *Akhira* wird diese in ihre Bedeutungsgestalt verwandelt und wird ein großer Vogel, der seine Fittiche ausbreitet und dem Muslim Schutz vor der schrecklichen Hitze gewährt, wenn die ganze Welt in der großen Wüste steht und das Gericht erwartet. Der Hauptritus der *Hağğ* (Pilgerreise), das Stehen auf dem Berge 'Arafat, ist, genau genommen, eine Vorbereitung und Übung für den Tag des Gerichtes, welcher diesem gleichen wird.

Allerdings werden die Geschehnisse des letzteren sich in einer ungeheuren metakosmischen Größenordnung abspielen und nicht nur in einer großen Weite des irdischen Bereiches.

In diesem Zeitalter wissen die Menschen im Grunde gar nichts über Träume. Auf der einen Seite haben sie improvisierte Erklärungen in der Form esoterischer und okkulter Vermutungen, auf der anderen Seite eine irrige »wissenschaftliche« Annäherungsweise an die Träume, in deren Rahmen sie jenes lächerliche Vokabular verwenden, welches die sogenannten wissenschaftlichen Disziplinen hervorzaubern, wenn sie sich Dingen annähern, die im Grunde außerhalb ihres Wissensbereiches liegen. Sei ihre Theorie nun »biologisch« oder »psychoanalytisch«, sie ist in jedem Fall spekulativ und das Ergebnis eines Pseudo-Fachwissens, welches auf Methoden basiert, die dem Gegenstand unangemessen sind, nämlich dem Traum und dem Träumer. Für den Muslim ist auch der Traum eine eindeutige und klare Wissenschaft, die dem Koran und den prophetischen Lehren entstammt, welche in unseren *Hadithen* aufbewahrt werden. In einem der bedeutendsten Werke über die Träume, welches von einem berühmten *Sufi** stammt, werden drei Arten des Traumes deutlich unterschieden. Der Verfasser unterteilt dann die falschen Träume in sieben Kategorien und die wahren Träume in fünf Kategorien. Er führt im einzelnen die Bedeutung von Zeit und (geographischem) Ort von Traum und Träumer auf. Er zeigt auf, welche Voraussetzungen ein Traumdeuter mitbringen muß, und in welchem Maße die Traumdeutung zu richtigen Aussagen fähig ist. Er leitet den Träumer auch dazu an, wie er sich vor dem Einschlafen auf einen wirklich gewinnbringenden Wahren Traum vorbereiten kann. All dieses ist Teil der Wissenschaften des Islam, welche unserem Buch und der *Sunna* (Lebensbrauch) unseres Propheten entstammen, der Segen Gottes und Sein Friede seien mit ihm.

Wenn nun diese Wissenschaft nicht nur dem *Kafir,* sondern

ebenso vielen modernen Muslimen unbekannt ist, dann kann man sich vorstellen, welche Unwissenheit über den Tod selbst besteht, über den Prozeß des Sterbens und über das Verhalten, welches von dem Gestorbenen im *Barzakh,* dem Zwischenbereich zwischen dem körperlichen Ableben und dem Tag der Auferstehung und dem Gericht, erwartet wird. Wenn ein Muslim stirbt und unbewandert in den Etiketten des Todes ist, dann wird er in der gleichen Weise leiden, wie er auf der Erde hätte leiden müssen, wäre er unbewandert in den Etiketten der lebenden Menschen gewesen. Auch dieser Gegenstand entzieht sich den äußerst begrenzten und ungeeigneten Disziplinen der sogenannten Naturwissenschaften; er liegt außerhalb ihres Erkenntnisbereiches. Das Wissen um die Zustände nach dem Tode ist Teil der Wissenschaft der Offenbarung, denn es betrifft das Unsichtbare. Deshalb rührt dieses Wissen beinahe vollständig von den Propheten her; ein kleiner Fundus von Kommentaren zu dieser Thematik stammt von den großen *Sufis,* denen der Herr des Weltalls gewisse Enthüllungen gemacht hat.

Aus der Sicht der Wissenschaft der Offenbarung wäre es nicht annehmbar, den beschreibbaren Inhalt der Nachtodes-Zustände allein dem Bereich der Mythen zuzuordnen. Beinhaltet doch die anthropologische Betrachtungsweise dessen, was man aus der Sicht dieser »Wissenschaft« als Religion bezeichnet, den – ziemlich metaphysischen – Anspruch, den Gegenstand von einem höheren Standpunkt aus zu sehen, einem Standpunkt, der sowohl geographisch als auch historisch dem »Relativismus« der Quelle des Mythos enthoben sein soll. Dieser magische Standpunkt, der von vornherein erklärt, er sei seinem Untersuchungsgegenstand überlegen, legt natürlich auch fest, daß die Schlüsse, die man aus dem Ergebnis seiner rituellen Untersuchungen und Analysen ziehen wird, den Inhalt des Mythos als wertlos erweisen werden. Schließlich wurde das Material dem hellen magischen Licht der wissenschaftlichen Methodik ausgesetzt, welches alles, was es berührt, zum Staub von Primitivismus und vor-wissenschaftlicher Unwissenheit zerfallen läßt.

Die schützende Einnebelung in ein Gebaren, das auf einfallsreiche Weise Einfühlungsvermögen vorspiegelt, wird es dem Mißtrauischen verwehren, das anthropologische Vorgehen als den destruktiven Prozeß zu erkennen, den es tatsächlich darstellt. Die Anthropologie, in sich ein zutiefst anti-existentieller Prozeß, ist im Grunde die Pseudo-Wissenschaft, die man benutzt, um unsere gegenwärtige technologische Gesellschaft über Wasser zu halten und sie mit einem Schutzschild der Geschichtlichkeit zu umgeben, indem man mit ihr die Evolutionstheorie nicht nur auf biologischer, sondern auch auf historischer und sozialer Ebene »beweist«. Anthropologie ist nicht die Sammlung der Erkenntnisse dieser Pseudo-Wissenschaft, sondern die Methode selbst. Man versteht sie deshalb besser, wenn man sie als unechte Religion ansieht. Ihre Priesterschaft sind die Experten, ihre Tempel sind die Universitäten, ihr Bekenntnis ist der »Fortschritt«, ihr Glaube ist utopisch, und ihr erklärter Feind ist die Weisheit.

Dieses total irreführende, wenn auch brillant ausgeklügelte System von Einbildungen hat Millionen von »gebildeten« Muslimen – ganz zu schweigen von den aufrichtig Wissensdurstigen unter den *Kafirun* (Ungläubigen, Mehrzahl von »Kafir«) – den Zugang zu dem großen Gebäude der Weisheitsbücher des Islam versperrt. Es ist bezeichnend, daß nach zwei Jahrhunderten der akademischen Forschung von *Kafir*-Gelehrten und »Orientalisten« nicht eine der großen Sammlungen von *Hadithen* oder aufgezeichneten Aussprüchen und Taten des Gesandten Mohammed, der Friede und Segen Allahs seien mit ihm, in eine europäische Sprache übersetzt war. Und doch ist ein Gebäude »fundierter« Studien von europäischen Juden und christlichen Gelehrten zustande gekommen, die der akademischen Welt erklären, sie hätten diese Werke untersucht und als unhaltbar zurückgewiesen. Erst seit kurzem wird auch das Werk europäischer und amerikanischer Gelehrter der kritischen Prozedur von Auswahl und Zurückweisung unterworfen, der die Muslime selbst ihre Schriften unterwarfen, bevor sie diese als annehmbar erklärten. Tatsächlich ist die Sichtung, Zuordnung und Auswahl der großen Zahl von *Hadithen* wahrscheinlich die größte Leistung in der Geschichte des Gelehrtentums.

Ist die vollständige Zerstörung des Islam als organisches gesellschaftliches Phänomen der Tatsache zuzuschreiben, daß *Kafir*-Kolonialherren den besiegten und unterdrückten Muslimen ihre eigenen sozialen und politischen Strukturen aufzwängten, so sind für die beinahe vollständige Ausrottung der existentiellen Manifestation – also des muslimischen Menschen selbst – zwei Dinge verantwortlich zu machen. Erstens die Weigerung, die arabische Schrift anzuerkennen, und die erzwungene Einführung der lateinischen (christlichen) Schrift für die Muslime; und zweitens die Erziehung der Jungen im Rahmen eines »fortschrittlichen« Erziehungssystems. Das Ergebnis ist nun, zweihundert Jahre später, das beinahe vollständige Fehlen von – im muslimischen Sinne – gebildeten Menschen innerhalb der Gemeinschaft der Muslime. Schlimmer noch, es ist heute eine ehrfürchtig bestaunte Überzeugung, daß die einzige Hoffnung für den Islam die Einrichtung von etwas ist, das man eine »islamische Erziehung« nennt, was aber tatsächlich nichts anderes ist, als eine klägliche Nachäffung des bestehenden *Kafir*-Systems, dem man unter dem Namen der »religiösen Studien« eine kastrierte Lesart des Islam aufgepfropft hat. Die *Kafirun* und christlichen Intellektuellen nehmen denn auch das Ergebnis entzückt zur Kenntnis – so ist der Muslim für sie akzeptabel. Endlich ist ihr Muslim nun nicht mehr länger »zurückgeblieben« oder »statisch«, »fatalistisch« oder »unterentwickelt« oder »fanatisch« – er ist ein dynamischer, progressiver, positivistischer Psychopath.

In unserer gegenwärtigen Lage sind zwei Dinge klar. Unsere, heute bereits kurzlebige, technologische Zivilisation ist auf dem Wege zum Zusammenbruch. Dieser Zusammenbruch wird sich dort am spürbarsten auswirken, wo die Gesellschaft am »fortschrittlichsten« ist und die Menschen deshalb am meisten von den Erzeugnissen ihres Maschinensystems abhängig sind. Wo der Mensch sich noch auf die Schöpfung verläßt und darauf, daß seine eigenen Hände sie gestalten, ist eine Kontinuität weiterhin möglich. Klar ist außerdem, daß die große Mehrheit der menschlichen Rasse, welche niemals ein Nutznießer des technologischen Zeitalters war, es nach seinem Untergang kaum vermissen wird. Genau an diese Menschen, an die Armen und die gesegneterweise unterentwickelten Gesellschaften, wird sich der Islam in nicht zu ferner Zukunft wenden.

Für uns bedeutet »Erziehung« ein Wissen für das Leben. Das Leben ist eine Reise, die vor der Schöpfung der phänomenalen Welt begann, als jeder einzelne der Söhne Adams vor seinen Schöpfer gerufen und gefragt wurde: *»A lastu bi-Rabbikum?«* – »Bin Ich nicht dein Herr?«. Ein jedes Selbst bejahte diese Frage. Diese Frage und diese Antwort sind die grundlegende Vibration, das Geheimnis auf dem Grunde des Herzens des menschlichen Geschöpfes. Es ist diese uranfängliche Frage, die im menschlichen Herzen nachhallt und jene große Ruhelosigkeit verursacht, auf welcher jede Kultur, alle menschliche Kreativität und jede innere Suche gründen. Von dieser anfänglichen Begegnung aus unternimmt das menschliche Selbst eine siebenfältige Reise – von der vorunendlichen Zeit bis zur nachunendlichen Zeit. Seine nächste Station ist die Welt der *Arwah**, von wo aus wir in das Reich des Mutterschoßes weiterreisen. Dann kommt die Mitte der Reise: das Leben auf Erden – fest und zeitgebunden, ein Ort für Absichten und Taten, ein Sinn, welcher in ein Bild projiziert wurde.

Dann kommt der Tod, welcher die nächste Stufe bringt, den

Bar'zakh, den Zwischenbereich zwischen den zwei großen Reichen. Nun stürmt die gewaltige metakosmische Dimension des Selbst, die im »Leben« nur gelegentlich in Träumen und Visionen zu uns eingebrochen ist, mit entweder entsetzlicher oder erleuchtender Macht auf uns ein. Dann kommt die nächste große Stufe – die Versammlung der menschlichen Rasse, die vollständige Schau des Schöpfungsvorganges und der zentralen Rolle, die der einzelne darin spielt, sowie seines Geheimnisses. Zuletzt wird die Bedeutungs-Wirklichkeit des Selbst erfüllt, und ein jeder ist, was er ist. Dies ist das Feuer, und dies ist der Garten. Jenseits dieses Bereiches, am *Lote*-Baum der Letzten Grenze – das ist der Punkt, hinter welchem keinerlei Form mehr besteht –, ist alles Bewußtsein aufgehoben. Der *Lote*-Baum ist ein Baum, dessen Frucht Ohnmacht und Ekstase verursacht sowie die Sehnsucht nach der Heimat. Von ihm zu essen, bedeutet für immer vernichtet zu sein. Hierin liegt das Letzte, über das gesprochen werden kann. Jenseits davon herrscht Schweigen, das große *Sukun**. Alles entschwindet außer dem Antlitz Allahs.

Der Anfang und die Wiederbelebung der Weisheitswissenschaften des Islam müssen mit einer Wiederentdeckung eines krafterfüllten *Imam* beginnen, in welchem der Glaube an die Engel, den Jüngsten Tag und das Aufstellen der Waage in einem lebendigen kosmologischen Sinne wirklich sind und nicht in einer begrifflichen oder vereinfachten Weise. Diese Dinge stellen für uns, die Muslime, unsere innere Geographie dar, nicht weniger und nicht mehr. Unsere Verehrung, unser Leben und Sterben gehören Allah, mit Dem wir niemanden und nichts, weder einen *Wali** noch einen Propheten oder Engel in Verbindung bringen können.

Allah segne unseren Herrn Mohammed und gebe ihm und seiner Familie Seinen Frieden gemäß der Anzahl aller erschaffenen Dinge.

'Abd al-Qadir as-Sufi

DAS FEUER UND DER GARTEN

Daqa'iqu'l-akhbar fi Dhikri'l-Jannati wa'n-Nar

von Imam 'Abd ar-Rahim ibn Ahmad al-Qadi

Im Namen Allahs, des Gnädigen, des Barmherzigen – möge Gott Seyyidina Mohammed und seine Familie segnen.

Sprich: Reiset ins Land, dann sehet wie Er
die Schöpfung erzeugt hat –
Denn Allah bringt eine zweite Schöpfung hervor –
Allah – jedes einzelne Ding ist in Seiner Macht.

Der Erhabene Koran (29,20)

Lobpreis sei Allah, der uns zu Seiner *Dîn** führte, welche Er vervollkommnete und welche Ihm gefällt – und möge Allah Seinem Propheten, Seyyidina Mohammed, welchen Er erwählte und aussuchte aus Seiner Schöpfung, Frieden und Segenskräfte gewähren.

1. Über die Erschaffung des größten Ruh, welcher ist das Licht unseres Meisters und Propheten Mohammed, der Friede und die Segenskräfte seien mit ihm

In der Überlieferung heißt es, daß Allah-ta'ala einen Baum mit vier Ästen erschuf und ihn den Baum der Gewißheit *(Shajaratu'l-yaqin)* nannte. Alsdann erschuf Er das Licht Mohammeds in einem Schleier aus weißem Perlmutter, dem Pfauen gleich, und setzte es auf jenen Baum. Dort rief das Licht 70000 Jahre lang *Subhanallah* (Lob sei Allah).

Alsdann erschuf Allah den Spiegel des Lebens, welcher aufgestellt wurde, das Licht zu empfangen. Als der Pfau in diesen Spiegel blickte, schaute er seine Gestalt als die allerschönste Gestalt und seine Erscheinung als die von größter Pracht. Da schämte er sich vor Allah-ta'ala und begann zu schwitzen. Sechs Schweißtropfen fielen von ihm herab. Da erschuf Allah-ta'ala aus dem ersten Tropfen Abu Bakr*, möge Allah zufrieden mit ihm sein; aus dem zweiten 'Omar*, möge Allah zufrieden mit ihm sein; aus dem dritten 'Othman*, möge Allah zufrieden mit ihm sein; aus dem vierten 'Ali*, möge Allah zufrieden mit ihm sein; aus dem fünften die Rose und aus dem sechsten die Zeder.

Alsdann warf jenes mohammedanische Licht sich fünfmal nieder, so daß jene fünf Niederwerfungen zu festgelegten Zeiten eine Pflicht für uns wurden und Allah-ta'ala die fünf Gebete für Mohammed und seine Gemeinde zur Pflicht machte.

*

Dann schaute Allah-ta'ala jenes Licht ein zweites Mal an, und es schwitzte vor Bescheidenheit vor Allah-ta'ala. Aus dem Schweiß seiner Nase schuf Allah die Engel.

Aus dem Schweiß seines Antlitzes erschuf Er den Thron, die Fußbank, die wohlverwahrte Formentafel, die Feder, die

Sonne, den Mond, die Schleier und Sterne und alles, was in den Himmeln ist.

Aus dem Schweiß seiner Brust erschuf Er die Propheten, die Gesandten, die *'Ulama* (die Männer des Wissens), die Märtyrer und die *Salihun* (die Edlen und Aufrichtigen).

Aus dem Schweiß seines Rückens erschuf Er das Besuchte Haus, die *Ka'ba,* die *Bayt al-Muqaddas,* und die Stätten der Moscheen in dieser Welt.

Aus dem Schweiß seiner zwei Augenbrauen erschuf er die Gemeinde Mohammeds, der Frieden und die Segenskräfte seien mit ihm, die *Mu'minun* (Vertrauenden) und die Muslime, sowohl Männer als auch Frauen.

Aus dem Schweiß seiner Ohren erschuf Er die *Arwah* (Seelen) der Juden, Christen, Magier und aller Häretiker, die ihnen gleichen, sowie jener, welche die Einheit leugnen, und der Heuchler.

Aus dem Schweiß seiner zwei Füße erschuf Er die Erde von Osten bis Westen, und was auf ihr ist.

*

Alsdann hieß Allah-ta'ala jenes Licht: »Schau vor dich, du Licht Mohammeds!« Da blickte es vor sich und sah ein Licht vor sich, und ein Licht hinter sich, und ein Licht auf seiner Rechten, und ein Licht auf seiner Linken, und diese sind Abu Bakr, 'Omar, 'Othman und 'Ali, möge Allah zufrieden mit ihnen sein. Alsdann rief jenes Licht 70 000 Jahre lang *Subhanallah.*

*

Alsdann erschuf Allah das Licht der Propheten aus dem Lichte Mohammeds, der Friede sei mit ihm.

Dann schaute Allah jenes Licht an, und aus diesem erschuf Er ihre *Arwah,* das heißt, Er erschuf die *Arwah* der Propheten aus dem Schweiße Mohammeds, der Friede sei mit ihm. Dann erschuf Er die *Arwah* der Gemeinden dieser Propheten aus dem Schweiße der Propheten. Das bedeutet, daß die *Arwah* jeder Gemeinde aus dem Schweiße des *Ruh** ihres Propheten erschaffen worden sind.

Die *Arwah* der Gläubigen der Gemeinde Mohammeds sind erschaffen worden aus dem Schweiße Mohammeds, der Friede sei mit ihm. Deshalb sagten sie: »*Lâ ilâha illâ 'Llâh, Muhammadun Rasulullâh.*« (Es gibt keinen Gott außer Gott, Mohammed ist der Gesandte Allahs.)

*

Alsdann erschuf Allah einen Leuchter aus rotem Karneol, dessen Äußeres aus seinem Inneren zu sehen ist. Alsdann erschuf Er die Gestalt Mohammeds, der Friede sei mit ihm, als Seine eigene Gestalt in dieser Welt. Er stellte sie in jenen Leuchter, und sie stand darinnen, wie man im Gebete steht. Dann vollzogen die *Arwah* der Propheten *Tawaf* (die Umwandlung) des Lichtes Mohammeds, der Friede sei mit ihm. Dann riefen sie 100 000 Jahre lang *Lâ ilâha illâ 'Llâh* und *Subhanallah*.

*

Alsdann gebot Allah-ta'alla allen *Arwah* Seiner Schöpfung, die Gestalt Mohammeds anzuschauen, und so schauten sie diese an.

Wer seinen Kopf sah, wurde ein *Khalifa* (Herrscher) und Sultan unter den Geschöpfen; wer seine Stirn sah, wurde nur ein Prinz.

Wer seine Augen sah, wurde jemand, der die Welt Allah-ta'alas bewahrt; wer seine Augenbrauen sah, wurde ein Künstler.

Wer seine Ohren sah, wurde jemand, der zuhört und sich mit dem Gehörten beschäftigt.

Wer seine Wangen sah, wurde jemand, der *muhsin* (wissend) ist und einen starken Intellekt besitzt.

Wer seine Lippen sah, wurde ein *Wesir* (Herrscher).

Wer seine Nase sah, wurde ein Arzt, und wer seinen Mund sah, wurde jemand, der fastet.

Wer seine Zähne sah, wurde jemand, der schön von Angesicht ist, unter den Männern wie unter den Frauen.

Wer seine Zunge sah, wurde ein Gesandter unter den Sultanen.

Wer seine Kehle sah, wurde jemand, welcher Ermahnungen und guten Rat gibt und ein *Mu'ezzin.*

Wer seinen Bart sah, wurde jemand, der den *Jihad** kämpft aus dem Wege Allahs.

Wer seinen Hals sah, wurde ein Kaufmann.

Wer seine Arme sah, wurde ein Krieger mit einem Schwert; wer seinen rechten Arm sah, wurde ein Schröpfer; wer seinen linken Arm sah, wurde ein Unwissender.

Wer seine rechte Handfläche sah, wurde ein Geldwechsler und Sticker; wer seine linke Handfläche sah, wurde ein Getreidehändler.

Wer seine Hände sah, wurde großzügig und rechtschaffen. Wer seinen linken Handrücken sah, wurde ein Geizhals. Wer seinen rechten Handrücken sah, wurde ein Koch. Wer die Fingerspitzen seiner linken Hand sah, wurde ein Schreiber; wer die Fingerspitzen seiner rechten Hand sah, wurde ein Schneider. Wer die Finger seiner linken Hand sah, wurde ein Eisenschmied.

Wer seine Brust sah, wurde ein *'Alim* (Mann des Wissens), edel und gewissenhaft *(mujtahid);* wer seinen Rücken sah, wurde demütig und gehorsam gegenüber dem Gebot der *Shari'a* (Der Straße, den Verpflichtungen des Islam).

Wer seine Seiten sah, wurde ein *Ghazi* (Krieger).

Wer seinen Leib sah, wurde jemand, welcher das *Ruku* (die Verbeugung) ausübt, und das *Sujud* (die Niederwerfung).

Wer seine Füße sah, wurde ein Jäger; wer unter seine Füße sah, wurde ein Fußsoldat.

Wer seinen Schatten sah, wurde ein Sänger oder jemand mit einer *Tunbur* (Mandoline).

Wer nichts sah, wurde ein Jude, Christ, Magier oder *Kafir* (jemand, welcher die Wirklichkeit nicht anerkennt).

Wer ihn nicht anschaute, wurde jemand, der die Oberherrschaft beansprucht, wie die Pharaonen und andere *Kafirun.*

*

Wisse, daß Allah-ta'ala der Schöpfung gebot, das Gebet in der Form der Namen Ahmad und Muhammad zu üben:

(Anmad)

So entspricht das Stehen dem  *Alif*

Das *Ruku* dem  *Ha*

Die Niederwerfung dem  *Mim*

Und das Sitzen dem  *Dal*

Er erschuf die Schöpfung nach der Gestalt des Namens Mohammed, der Friede sei mit ihm.

مُحَمَّد

(Muhammad)

So ist der Kopf rund wie das erste مـ *Mim*

Die zwei Hände entsprechen dem حـ *Ha*

Der Leib entspricht dem zweiten مـ *Mim*

Und die Füße dem د *Dal*

Keiner der *Kafirun* wird in dieser Form verbrannt – ihre Form wird vielmehr in die von Schweinen verwandelt, erst dann verbrennt sie das Feuer.

2. Über die Erschaffung Adams

Ibn 'Abbas, möge Allah zufrieden mit ihm sein, sagte: »Allah-ta'ala erschuf den Körper Adams, der Friede sei mit ihm, aus den Himmelsstrichen dieser Welt. So stammt sein Kopf aus der Erde der *Ka'ba,* seine Brust aus den vier Vierteln der Erde, sein Rücken aus der Erde Indiens, seine Hände aus der Erde des Ostens und seine Füße aus der Erde des Westens.«

*

In einer anderen Überlieferung sagte Ibn 'Abbas, möge Allah zufrieden mit ihm sein: »Allah-ta'ala erschuf Adam, der Friede sei mit ihm, aus den Sieben Erden. So stammt sein Kopf aus der ersten Erde, sein Nacken aus der zweiten, seine Brust aus der dritten, seine Hände aus der vierten, sein Rücken und Leib aus der fünften, seine Schenkel und sein Hintern aus der sechsten und seine Beine aus der siebenten.«

*

In einer anderen Überlieferung sagte Ibn 'Abbas, möge Allah zufrieden mit ihm sein: »Allah-ta'ala erschuf Adam, der Friede sei mit ihm, so, daß sein Kopf aus der Erde der *Bayt al-'Muqddas* stammt, sein Gesicht aus der Erde des Gartens, seine Ohren aus der Erde des Berges Sinai, seine Brauen aus der Erde des Irak, seine Zähne aus der Erde von al-Kawthar, seine rechte Hand mit ihren Fingern aus der Erde der *Ka'ba,* seine linke Hand aus der Erde Persiens, seine Füße und Beine aus der Erde Indiens, seine Knochen aus der Erde der Gebirge, sein Geschlecht aus der Erde Babels, sein Rücken aus der Erde des Irak, sein Leib aus der Erde Khorasans, sein Herz aus der Erde von Firdaws, seine Zunge aus der Erde von Ta'if, seine Augen aus der Erde des Wasserbeckens.«

*

Da sein Kopf aus der Erde der *Bayt al-Muqaddas* stammt, ist er der Ort des Verstandes, der Unterscheidungsfähigkeit und der Sprache. Da seine Ohren aus der Erde des Berges Sinai stammen, sind sie der Ort des Hörens und des guten Rates. Da seine Brauen aus dem Irak stammen, sind sie der Ort der Niederwerfung vor Allah-ta'ala. Da sein Gesicht aus der Erde des Gartens stammt, ist es der Ort der Schönheit und Zierde. Da seine Zähne von al-Kawthar stammen, sind sie der Ort der Süße. Da seine rechte Hand von der *Ka'ba* stammt, ist sie der Ort der *Baraka**, der Lebenshilfe und der Großzügigkeit. Da seine linke Hand aus Persien stammt, ist sie der Ort der Reinigung und Beseitigung der Unreinheit. Da sein Leib aus Khorasan stammt, ist er der Ort des Hungers. Da sein Geschlecht aus Babel stammt, ist es der Ort der Lust, der Bosheit und Bestechung. Da seine Knochen aus den Gebirgen stammen, sind sie der Ort der Härte. Da sein Herz aus Firdaws stammt, ist es der Ort des Vertrauens. Da seine Zunge aus Ta'if stammt, ist sie der Ort der *Shahada (Lâ ilâha illâ 'Llâh, Muhammadun Rasulullâh),* des Flehens und des *Du'a** gegenüber Allah.

*

Er gab ihm neun Tore. Sieben in seinem Kopf: seine zwei Augen, seine zwei Ohren, seine zwei Nasenöffnungen und den Mund; und zwei in seinem Körper: eine vorne und eine hinten. Allah erschuf die fünf Sinne für ihn: das Sehen mit den Augen, das Hören mit den Ohren, das Schmecken mit dem Mund, das Fühlen mit den Händen und das Riechen mit der Nase.

*

Es heißt, daß, als Allah den Wunsch hatte, den *Ruh* in Adam (der Friede sei mit ihm) zu blasen, Er dem *Ruh* befahl, in diesen einzutreten. Es heißt, daß der *Ruh* durch sein Gehirn in ihn eintrat. Darinnen kreiste er zweihundert Jahre lang. Dann stieg der *Ruh* in seine Augen hinab. Da blickte er auf sich selbst und sah trockenen Lehm. Als er seine Ohren erreichte, hörte er das *Tasbih* (die Lobpreisung) der Engel. Dann stieg er in seine Nase hinab; da nieste er. Als das Niesen beendet war, stieg der *Ruh* in seinen Mund und auf seine Zunge hinab, und Allah-ta'ala gab ihm alsdann ein, Seine Lobpreisung zu sprechen: »*Al-hamdu lillâh!*« (Preis sei Allah!). Da antwortete Er ihm: »Dein Herr hat dir Barmherzigkeit gezeigt, o Adam *(yarhamaka rabbuk).*« Dann stieg der *Ruh* in seine Brust hinab, da beeilte er sich aufzustehen, doch konnte er es nicht. Dieses ist Sein Wort, möge Er gepriesen sein:

Der Mensch ist stets in Eile. (17,11)

Als der *Ruh* den Magen erreichte, wünschte er Nahrung. Als der *Ruh* über seinen ganzen Körper verteilt war, da wurde er Fleisch, Blut, Muskeln und Venen. Dann kleidete ihn Allah in ein Gewand aus Nägeln, welche jeden Tag an Schönheit und Wert zunehmen. Als er nun schlechte Taten beging, verwandelte Allah jene Nägel in Haut. Einige von ihnen verblieben an den Fingerenden, um ihn an jenen ersten Zustand zu erinnern.

Als Allah die Erschaffung Adams, der Friede sei mit ihm, vollendet, den *Ruh* in ihn geblasen und ihn in das Gewand des Gartens gekleidet hatte, und als das Licht Mohammeds in seinem Gesicht wie der volle Mond strahlte, da wurde er auf ein Ruhebett gehoben und auf den Schultern der Engel hinfortgetragen.

Alsdann sprach Allah-ta'ala zu ihnen: »Umkreiset die Himmel mit ihm auf seinem Ruhebett, auf daß er ihre Wunder sehen möge und was in ihnen ist, und seine Gewißheit wachse.«

Da antworteten Ihm die Engel: »Unser Herr, wir hören und gehorchen.« Und so trugen ihn die Engel auf ihren Schultern fort und umkreisten die Himmel mit ihm, einhundert Jahre lang. Sodann erschuf Allah ein Pferd aus scharfriechendem, weißem Moschus. Es wurde *Maymun* genannt und besaß zwei Flügel aus Perlmutter und Koralle. Dieses bestieg Adam, der Friede sei mit ihm, und Jibril* nahm es an den Zügeln, und Mika'il*, der Friede sei mit ihm, war zu seiner Rechten, und Israfil*, der Friede sei mit ihm, zu seiner Linken. Auf diese Weise umkreisten sie mit ihm alle Himmel, dieweil er die Engel grüßte. Dabei sagte er *»As-salamu 'aleykum«**, und sie antworteten ihm *»Wa 'aleykumu's-salam«*.

Da sprach Allah-ta'ala: »O Adam, dieses ist dein Gruß und der Gruß der Gläubigen deiner Nachkommenschaft, wo immer sie sein mögen, bis zum Tage der Auferstehung.«

3. Über die Engel

Wisse, daß Allah-ta'ala vier edle Engel erschuf: Israfil, der Friede sei mit ihm, Mika'il, der Friede sei mit ihm, Jibril, der Friede sei mit ihm, und Izra'il*, der Friede sei mit ihm. Er legte alle Angelegenheiten der Geschöpfe und die Verwaltung des Weltalls in ihre Hände. Er bestimmte Jibril, der Friede sei mit ihm, zum Meister der Offenbarung und der Botschaft; Mika'il, der Friede sei mit ihm, zum Meister des Regens und der Versorgung; Izra'il, der Friede sei mit ihm, zum Meister der Hinwegnahme der *Arwah;* und Israfil, der Friede sei mit ihm, zum Meister des Trompetenblasens.

*

Ibn 'Abbas, möge Allah zufrieden mit ihm sein, sagte, daß Israfil, der Friede sei mit ihm, Allah-ta'ala bat, ihm die Macht über die Sieben Himmel zu geben. Da gab Er ihm diese. Und die Macht über die Sieben Erden. Da gab Er ihm diese. Und Macht über die Winde. Da gab Er ihm diese. Und Macht über die Gebirge. Da gab Er ihm diese. Und Macht über die *Jinnen** und Menschen. Da gab Er ihm diese. Und Macht über die wilden Tiere. Und auch diese gab Er ihm. Ihn bedecken Haare und Münder und Zungen, welche von Schleiern bedeckt werden, von den Fußsohlen bis zum Kopf. Eine jede seiner Zungen rühmt Allah-ta'ala in eintausend Sprachen. Aus ihm erschuf Allah-ta'ala eine Million Engel, die Allah rühmen werden bis zum Jüngsten Tag. Sie sind jene, welche Allah-ta'ala nahe sind *(Muqarrabun),* die Träger des Thrones und die Edlen Schreiber. Sie sind von der Gestalt Israfils, der Friede sei mit ihm.

Jeden Tag schaut Israfil dreimal *Jahannam* (das Höllenfeuer) an und hält Fürsprache dabei. Dann weint er und schmilzt und wird wie die Sehne des Bogens; und er weint tatsächlich sehr. Hätte Allah seinen Tränenfluß nicht verhindert, so hätte sein Weinen unsere Erde längst überflutet, und wäre der Flut Noahs gleich geworden. Ein Teil seiner Größe ist es, daß, würde man alle Gewässer der Ozeane und Flüsse auf seinen Kopf ausgießen, doch nicht ein einziger Tropfen davon unsere Erde erreichen würde.

*

Was Mika'il angeht, der Friede sei mit ihm, so erschuf ihn Allah-ta'ala fünfhundert Jahre später als Israfil, der Friede sei mit ihm. Von Kopf bis Fuß ist er mit Haaren aus Safran und kleinen Stücken von grünem Chrysolith bedeckt. Auf einem jeden seiner Haare befinden sich eine Million Gesichter, in einem jeden dieser Gesichter eine Million Augen, und ein jedes dieser Augen weint aus Mitleid für jene Gläubigen, die schlechte Taten tun. Jedes dieser Gesichter hat eine Million Münder, und aus jedem dieser Münder sprechen eine Million Zungen, und jede dieser Zungen spricht eine Million Sprachen, und eine jede dieser Zungen sagt unablässig: »Ich bitte Allah-ta'ala um Verzeihung für die schlechten Taten der Gläubigen.« Aus einem jeden Auge fallen 70 000 Tränen, und Allah-ta'ala erschafft aus einem jeden Tropfen einen Engel in der Gestalt Mika'ils, der Friede sei mit ihm. Und diese rühmen Allah bis zum Jüngsten Tag. Ihre Namen sind die *Karribiyun**, und sie sind die Helfer Mika'ils, der Friede sei mit ihm. Sie sind betraut mit dem Regen, den Pflanzen, der Nahrung und den Früchten. Ein jedes Ding im Ozean, wie auch die Früchte und Bäume und die Pflanzen auf der Erde, sie alle besitzen einen Engel, welcher mit ihnen betraut ist.

*

Was Jibril betrifft, der Friede sei mit ihm, ihn erschuf Allah-ta'ala fünfhundert Jahre nach Mika'il, der Friede sei mit ihm. Er besitzt eintausendsechshundert Schwingen. Von Kopf bis zu den Füßen ist er von Haaren aus Safran, und zwischen seinen Augen befindet sich die Sonne. Auf einem jeden seiner Haare befinden sich dergleichen wie Sterne und der Mond. Jeden Tag betritt er dreihundertundsiebzigmal das Meer des Lichts. Wenn er aus diesem zurückkehrt, fallen eine Million Tropfen von einer jeden seiner Schwingen, und Allah-ta'ala erschafft aus einem jeden dieser Tropfen einen Engel in der Gestalt Jibrils, der Friede sei mit ihm, und diese werden Allah-ta'ala rühmen bis zum Jüngsten Tag. Diese sind die *Ruhaniyun**.

*

Die Gestalt des Todesengels ist ganz und gar die Israfils, der Friede sei mit ihm; mit Gesichtern, Zungen, Schwingen, Stärke und Macht – nicht weniger und nicht mehr.

4. Über den Todesengel

In einer Überlieferung des Propheten, der Friede sei mit ihm, wird berichtet, daß Gott, als er den Todesengel erschuf, ihn vor den Geschöpfen mit einer Million Schleier verhüllte. Seine Größe ist gewaltiger als die Himmel und die Erden. Würden die Gewässer der Meere und Flüsse auf seinen Kopf ausgegossen, so würde nicht ein Tropfen von diesen auf die Erde fallen. Der Osten und Westen dieser Welt ähneln einem Tisch in seinen Händen, auf dem alles ausgebreitet worden ist und den man dann vor einen Menschen stellt, damit er von ihm esse; also ißt er von ihm, was er begehrt. Deshalb wendet der Todesengel diese Welt um, wie ein Mensch einen *Dirham** in seiner Hand umwendet.

Er hält 70000 Ketten. Die Länge einer jeden Kette beträgt eintausend Jahre. Die Engel nähern sich ihm nicht, noch kennen sie seinen Aufenthaltsort, noch hören sie seine Stimme. Sie sind weder seines Zustandes gewahr, noch der Dauer seiner Existenz.

*

Allah-ta'ala erschuf den Tod und gab dem Todesengel Macht über ihn.

Der Todesengel sprach: »O Herr, was ist der Tod?«

Da befahl Allah-ta'ala, daß die Schleier über ihm gelüftet würden, damit er den Tod zu sehen vermochte.

Alsdann sprach Allah-ta'ala zu den Engeln: »Erhebt euch und schaut diesen Tod an!« Da erhoben sich alle Engel.

Alsdann sprach Allah-ta'ala zum Todesengel: »Fliege über sie hinweg!« Da breitete er alle seine Schwingen aus und öffnete alle seine Augen. Als er flog, schauten ihn die Engel an und fielen eintausend Jahre lang in Bewußtlosigkeit.

Als sie erwachten, sprachen sie: »Unser Herr, hast Du irgend etwas Mächtigeres erschaffen als diesen?«

Da entgegnete ihnen Allah-ta'ala: »Ich habe ihn erschaffen, doch bin Ich mächtiger als er, und ein jedes Geschöpf wird ihn schmecken.«

Alsdann sprach Allah-ta'ala: »O Izra'il, nimm ihn zu dir. Ich habe dir Macht über ihn gegeben.«

Doch Izra'il entgegnete ihm: »Mein Gott, durch welche Macht sollte ich ihn nehmen können? Denn er ist mächtiger als ich.« Doch dann nahm er ihn, und er wurde still in seiner Hand.

Alsdann sprach der Tod: »O Herr, gewähre mir die Erlaubnis, ein einziges Mal in den Himmeln auszurufen!«

Da gab Er ihm die Erlaubnis.

Da schrie er mit der lautesten Stimme: »Ich bin der Tod, der alle Liebenden trennt! Ich bin der Tod, der die Kinder von der Mutter trennt! Ich bin der Tod, der den Ehemann von seiner Ehefrau trennt! Ich bin der Tod, der Bruder und Schwester trennt! Ich bin der Tod, der Häuser und Burgen zerfallen läßt! Ich bin der Tod, der die Gräber füllt! Ich bin der Tod, der dich sucht und einholt, solltest du dich selbst in einem befestigten Turme befinden. Es gibt kein Geschöpf, welches mich nicht schmecken wird!«

*

Wenn der Tod zu einem *Kafir,* Heuchler oder Elenden kommt, steigt er mit seinen Strafengeln an seiner Seite zu ihm hernieder. Sie sind schwarz im Gesicht und grünäugig. Sie tragen ein Strafgewand mit sich. Sie weilen fern von dem Sterbenden, bis der Todesengel erscheint.

Wenn der Todesengel erscheint, steht er in einer schreckenerregenden Gestalt vor dem Sterbenden. Dann spricht das *Nafs* (die Ich-Gestalt) des Sterbenden: »Wer bist du, und was willst du?«

Er entgegnet: »Ich bin der Engel des Todes, der dich aus dieser Welt hinfortbringen wird, und deinen Sohn zu einem Waisen machen wird, dein Weib zu einer Witwe, deinen Besitz zu einem Erbe unter deinen Erben, welche du während deiner Lebzeit nicht liebtest. Du hast das Gute für dich selbst nicht gefördert, noch hast du es für das jenseitige Leben gefördert. Heute bin ich zu dir gekommen, um deinen *Ruh* fortzunehmen.«

Wenn der Sterbende diese Worte hört, dann wird er sein Gesicht zur Wand wenden, doch auch dort wird er den Engel des Todes vor sich stehen sehen. Dann wird er sein Gesicht auf die andere Seite wenden, aber auch dort wird er den Engel des Todes vor sich stehen sehen.

Daraufhin wird der Engel des Todes zu ihm sprechen: »Erkennst du mich nicht? Ich bin der Engel des Todes, der den *Ruh* deiner Eltern mit sich fortnahm, während du auf sie schautest, doch du konntest ihnen nicht helfen. Heute werde ich deinen *Ruh* fortnehmen, so daß deine Söhne und Verwandten und deine Freunde es sehen und heute eine Weisung durch dein Sterben empfangen. Ich bin der Todesengel. In den vergangenen Jahrhunderten habe ich jene ausgelöscht, die mächtiger waren als du und größere Reichtümer besaßen und mehr Söhne.«

Alsdann spricht der Engel des Todes ihn an: »Wie sahest du diese Welt?« Und er antwortet: »Ich sah sie als verschlagen an und hinterhältig.«

Dann wird Allah-ta'ala die Welt in der Gestalt einer Frau erschaffen. Und die Welt wird sprechen: »O du Ungehorsamer! Bist du nicht beschämt, daß du Falsches tatest in der Welt und deine *Nafs** nicht von Handlungen des Ungehorsams fernhieltest? Du suchtest mich, doch ich suchte dich nicht. Du unterschiedest nicht zwischen erlaubt *(helal)* und verboten *(haram)*. Dachtest du etwa, du würdest niemals von der Welt getrennt? Ich aber bin frei von dir und deinen Taten.«

Er wird sehen, wie sein Besitz in die Hände anderer fällt. Und sein Besitz wird zu ihm sprechen: »O du Ungehorsamer, du erwarbst mich ohne Recht und gabst nichts von mir her, noch gabst du den Armen und Bedürftigen *Sadaqa* (Almosen) von mir. Heute bin ich in die Hände anderer gefallen.« Dieses ist Sein Wort, möge Er gepriesen sein:

> *Der Tag, an welchem weder Reichtümer noch Söhne nutzen, außer dem, der zu Allah mit reinem Herzen kommt.* (26,88)

Auch sagt Er:

> *Nehmet Zuflucht bei Mir: Vielleicht werde ich dem doch Gerechtigkeit widerfahren lassen, was ich bereits aufgab.* (23,99)

Also spricht Allah-ta'ala:

> *Wenn ihre Zeit gekommen ist, werden sie diese nicht eine einzige Stunde vor- oder zurückstellen können.* (10,49)

Alsdann nimmt er den *Ruh* des Gestorbenen mit sich fort; war es ein *Mu'min* (Gläubiger), in Glückseligkeit; war es ein *Kafir* oder Heuchler, in Trübsal – durch Sein Wort, möge Er gepriesen sein:

> *Nein, in der Tat, das Buch der Zügellosen liegt im Sijjin.* (83,3)

5. Über die Zustände des Todesengels und wie er gekleidet ist

Im *Kitab's-Suluk* von Muqatal ibn Suleyman wird erwähnt, daß der Todesengel einen Sitz im siebenten Himmel hat. Es heißt auch, daß sich dieser im vierten befinde. Der Engel des Todes hat 70 000 Füße und 4 000 Schwingen. Sein ganzer Körper ist mit Augen und Zungen übersät. Ein jedes Geschöpf unter den Menschen und Vögeln und allen anderen, welche im Besitz eines *Ruh* sind, hat je ein Gesicht, Ohr, Auge und eine Hand auf seinem Körper. Die Anzahl entspricht der Anzahl der Menschen. Der *Ruh* wird von eben jener Hand hinweggenommen, die sich als die seine auf dem Todesengel befindet, und schaut mit einem Gesicht auf ihn, welches dem Schauenden gehört. Aus diesem Grunde wird der *Ruh* eines jeden Geschöpfes an gleichwelchem Orte hinfortgenommen. Und wenn jemand in dieser Welt stirbt, so verläßt seine Gestalt seinen Körper.

Es heißt, daß der Engel des Todes vier Gesichter hat: eines vor ihm, eines auf seinem Kopfe, eines auf seinem Rücken und eines unter seinen Füßen. Es heißt, er nimmt die *Arwah* der Propheten und Gesandten mit dem Gesicht auf seinem Kopf hinfort, und die *Arwah* der *Kafirun* mit dem Gesicht auf seinem Rücken; und die *Arwah* der *Jinni** mit dem Gesichte unter seinen Füßen; und die *Arwah* der *Mu'minun* (Gläubigen) mit dem vorderen Gesicht.

Einer seiner beiden Füße steht auf der Brücke über *Jahannam*, der andere auf dem Sitz im Garten. Von seiner Größe heißt es: würde man alle Gewässer aller Meere und Flüsse auf seinen Kopf ausgießen, so würde nicht ein einziger Tropfen davon auf die Erde fallen. Es heißt, daß die ganze Welt, würde Allah-ta'ala sie in die Nähe des Todesengels stellen, nicht größer wäre als ein Tisch, den man vor einen Menschen stellt, damit dieser von jenem essen kann, was er möchte. So dreht der Engel des Todes die Welt der Geschöpfe um, wie ein Mann einen *Dirham* umwendet.

Es heißt, daß der Engel des Todes allein zu den Propheten und Gesandten herabsteigt, und daß er einen *Khalifa* (Stellvertreter) für die Fortnahme der *Arwah* der wilden Tiere und der Haustiere habe.

Es heißt, daß alle jene Augen, die sich auf seinem Körper befinden, ausgelöscht werden, wenn Allah-ta'ala Seine Schöpfung der Menschen und der anderen Geschöpfe auslöscht. Acht Geschöpfe würden verbleiben. Es heißt, daß diese Israfil, Mika'il, Jibril, Izra'il und die vier Träger des Thrones sind.

*

Was das Wissen um das Ende der Fristen betrifft – wenn die Aufzeichnung des für den Knecht bestimmten Todes und seiner Krankheiten zum Todesengel gelangt, so spricht dieser: »Mein Gott, wann soll ich den *Ruh* Deines Knechtes hinfortnehmen, und in welcher Form soll ich ihn aufheben?«

Er, möge Er gepriesen sein, spricht alsdann: »O Todesengel, das ist das Wissen Meines Verborgenen. Niemand weiß davon, außer Mir. Ich werde dich jedoch von der Ankunft seiner Stunde unterrichten, und Ich werde dir Zeichen geben, die du verstehst. Der Engel, welcher über den Atem und die Taten wacht, wird zu dir kommen und zu dir sprechen: ›Der Atem des So-und-so ist zu Ende.‹ Der Engel, welcher über seine Nahrung und Taten wacht, wird dir sagen: ›Seine Nahrung ist zu Ende und seine Taten ebenso.‹ Gehört er zu den Glücklichen, so wirst du seinen Namen (welcher auf eine Schriftrolle geschrieben ist, die der Todesengel besitzt) von einer Linie weißen Lichtes umgeben sehen. Gehört er zu den Elenden, so wirst du eine schwarze Linie um den Namen sehen.« Das Wissen um diese Dinge ist für den Engel jedoch nicht vollständig, bevor nicht ein Blatt des Baumes, welcher sich unter dem Thron befindet, auf ihn herabfällt und der Name desjenigen, der zum Sterben bestimmt ist, auf jenem Blatt geschrieben steht. Alsdann nimmt der Engel seinen *Ruh* hinfort.

Von Ka'b al-Ahbar wird überliefert, daß Allah-ta'ala einen Baum unter Seinem Throne erschuf. Er hat so viele Blätter wie es Geschöpfe gibt. Wenn nun die Zeit eines Knechtes um ist und ihm nur noch vierzig Tage seines Lebens verbleiben, fällt sein Blatt herab in die Wohnung Izra'ils, der Friede sei mit ihm. Hierdurch weiß dieser, daß ihm aufgetragen ist, den *Ruh* seines Besitzers hinwegzunehmen. Danach wird dieser in den Himmeln ein Toter genannt, auch wenn er auf der Erde noch vierzig Tage lang lebt.

*

Es heißt, daß Mika'il, der Friede sei mit ihm, mit einer Schriftrolle von Allah-ta'ala zum Todesengel hinabsteigt, auf der der Name desjenigen geschrieben steht, dessen *Ruh* ihm fortzunehmen befohlen ist, sowie der Ort, an welchem der *Ruh* hinweggenommen werden soll, und der Grund seiner Hinwegnahme.

*

Abu'l-Layth, möge Allah zufrieden mit ihm sein, erwähnte, daß von einer Stelle unterhalb des Thrones zwei Tropfen auf den Namen herabfallen. Einer sei grün, der andere weiß. Fällt der grüne Tropfen auf den Namen, so weiß der Todesengel, daß sein Besitzer zu den Elenden gehört; fällt der weiße Tropfen auf seinen Namen, daß er zu den Glücklichen gehört.

*

Was das Wissen um den Ort betrifft, an welchem jemand sterben wird, so heißt es, daß Allah-ta'ala einen Engel erschuf, der einen jeden Geborenen behütet. Er wird der Engel des Mutterschoßes genannt. Wenn jemand, der geboren werden soll, erschaffen wird, wird ihm befohlen, in dem Tropfen, welcher sich im Mutterschoße befindet, den Ort festzuschreiben, in dessen Staube er sterben wird. So wird der Knecht zu einem Leichnam, verwandelt sich und kehrt an den Ort zurück, von welchem seine Erde genommen war. Also stirbt er in ihr. Sein Wort, möge Er gepriesen sein, weist darauf hin:

> *Sprich: »Wäret ihr auch in euren Häusern geblieben,*
> *sicherlich wären jene, denen zu kämpfen anbefohlen war,*
> *zu ihren Totenbetten ausgezogen.«* (3,154/155)

Hierüber geht die Erzählung, wie der Todesengel im ersten Menschenalter erschien und eines Tages in Suleyman einging. Dieser sah sodann einen Jüngling an, und der Jüngling erzitterte.

Als der Engel des Todes gegangen war, sprach der Jüngling: »O Prophet Allahs! Ich wünschte, daß du dem Winde befiehlst, mich nach China zu tragen.«

Da befahl er, der Friede sei mit ihm, dem Wind, und dieser trug ihn nach China.

Da kehrte der Engel des Todes zu Suleyman, der Friede sei mit ihm, zurück.

Suleyman befragte ihn, warum er den Jüngling angesehen hätte.

Dieser antwortete ihm: »Mir war aufgetragen, seinen *Ruh* an jenem Tage in China hinwegzunehmen, aber ich sah ihn bei dir und war erstaunt darob.«

Da erzählte ihm Suleyman die Begebenheit, wie der Jüngling ihn gebeten hatte, dem Wind zu befehlen, ihn nach China zu tragen.

Und der Engel des Todes sprach: »Ich nahm seinen *Ruh* an jenem Tage hinweg in China.«

*

In einer anderen Überlieferung heißt es, der Engel des Todes habe Helfer unter sich, welche die Hinwegnahme der *Arwah* übernehmen.

Auch gibt es eine Erzählung, in welcher ein Mann spricht: »O Allah, vergib mir und dem Sonnenengel!« Daraufhin bat der Engel seinen Herrn um Erlaubnis, jenen Mann zu besuchen.

Also stieg der Sonnenengel zu ihm nieder und sprach zu ihm: »Du hast ein großes *Du'a* (Bittgebet) für mich gemacht. Was wünschest du?«

Er antwortete ihm: »Ich möchte, daß du mich zu deinem Wohnort bringst, denn ich will den Todesengel bitten, mir zu sagen, wann meine Zeit nahe ist.«

Da brachte ihn der Sonnenengel zu seinem Wohnort und setzte seinen Fürbeter auf seinen Platz auf der Sonne. Dann begab er sich zum Todesengel und berichtete diesem, daß ein Mann in allen seinen Gebeten die Bitte geäußert habe: »O Allah, vergib mir und dem Sonnenengel!« – »Er bat mich, dich zu bitten, ihm zu sagen, wann seine Zeit nahe ist, damit er sich auf sie vorzubereiten vermöchte.«

Da schaute der Todesengel in sein Buch und sagte: »Wie weit ist doch dein Freund entfernt davon, sich große Sorge machen zu müssen. Er wird nicht sterben, bevor er nicht auf deinem Platz auf der Sonne sitzt!«

Da antwortete ihm der Sonnenengel: »Er hat auf meinem Platz auf der Sonne gesessen.«

Da sprach der Engel des Todes: »Er starb, als wir davon erfuhren, und sie wissen es nicht.«

*

Der Prophet, der Friede sei mit ihm, sagte in einer Überlieferung: »Die Fristen aller wilden Tiere liegen im *Dhikr** Allah-ta'alas. Wenn sie den *Dhikr'ullah** aufgeben, nimmt ihnen Allah ihre *Arwah*. Der Engel des Todes hat hiermit nichts zu schaffen.«

Es heißt, daß es Allah-ta'ala ist, der die *Arwah* hinwegnimmt, doch schreibt Er dieses dem Todesengel zu – wie der Mord dem Mörder zugeschrieben wird, und der Tod der Krankheit. Sein Wort, möge Er gepriesen sein, weist darauf hin:

> *Allah nimmt die Ichs im Zeitpunkt ihrer Tode* (39,42)

und Gott weiß es am besten.

6. Über die Antwort des Ruh

Es heißt in einer Überlieferung, daß, wenn der Todesengel den *Ruh* des *Mu'min* hinwegzunehmen wünscht, dieser ihm entgegnet: »Ich werde dir nicht gehorchen, da es dir nicht aufgetragen ist.«

Der Todesengel entgegnet ihm: »Mir ist es aufgetragen.«

Daraufhin wird der *Ruh* Zeichen und Beweise von ihm verlangen und zu ihm sprechen: »Mein Herr erschuf mich und steckte mich in meinen Körper. Du hattest nichts damit zu schaffen, und nun willst du mich hinwegnehmen.«

Daraufhin kehrt der Engel des Todes zu Allah zurück, und Allah-ta'ala sagt ihm: »Nimm den *Ruh* Meines Knechtes!«

Darauf entgegnet ihm der Todesengel: »Mein Gott, Dein Knecht spricht das und das und verlangt einen Beweis von mir.«

Also spricht Allah-ta'ala: »Der *Ruh* meines Knechtes sprach die Wahrheit.« Dann sagt er: »O Todesengel, eile zum Garten und nimm einen Apfel; auf diesem wird Mein Zeichen sein. Zeige ihn dem *Ruh* Meines Knechtes.«

Also eilt der Todesengel zum Garten und nimmt einen Apfel, auf welchem geschrieben steht *Bismillahi-r-Rahmani'r-Rahim* (Im Namen Gottes, des Gnädigen, des Allbarmherzigen). Wenn er diesen dem *Ruh* des Knechtes zeigt, wird er in Freude mit ihm eilen und die Reinheit schmecken.

7. Über die Antwort der Glieder

Es heißt, daß, wenn Allah-ta'ala den *Ruh* Seines Knechtes wünscht, der Todesengel vor dessen Mund tritt, um seinen *Ruh* hinwegzunehmen. Doch kommt der *Dhikr* aus seinem Munde, und so spricht dieser: »Es gibt keinen Weg für dich von dieser Seite her, solange die Zunge im *Dhikr* meines Herrn fortfährt.«

Daraufhin kehrt der Engel des Todes zu Allah-ta'ala zurück und sagt Diesem: »O Herr, Dein Knecht sagte das-und-das.«

Also spricht Allah-ta'ala: »Nimm ihn auf einem anderen Weg hinweg.«

Also tritt der Engel des Todes vor des Sterbenden Hand, dieweil von dieser *Sadaqa* ausgeht. So spricht sie: »Es gibt keinen Weg für dich. Er gab viel *Sadaqa* mit mir, und berührte die Köpfe der Waisen, und schrieb mit der Feder, und haute die Nacken der *Kafirun* mit dem Schwert.«

Also tritt er vor seinen Fuß, doch dieser spricht: »Es gibt keinen Weg für dich vor mir; denn er ging mit mir zum Gebet der Gemeinde, zu den *'Ids* (Festlichkeiten) und den Veranstaltungen der Gelehrsamkeit und des Wissens.«

Dann kommt der Engel des Todes zum Ohr, und es sagt: »Es gibt keinen Weg hier für dich; denn er lauschte mit mir dem Koran, dem *Adhan* (Gebetsruf) und dem *Dhikr*.«

Also tritt er vor seine Augen, aber diese sprechen: »Es gibt hier keinen Weg für dich; denn er las mit uns den Koran und betrachtete die Gesichter der *'Ulama* (religiöse Gelehrte), der Eltern und der *Salihun**.«

Daraufhin geht der Engel des Todes zu Allah-ta'ala und spricht: »Mein Herr, Dein Knecht sagt das-und-das.«

Und Allah-ta'ala entgegnet ihm dann: »O Todesengel,

schreibe Meinen Namen auf deine Handfläche und zeige ihn dem *Ruh* Meines Knechtes, auf daß er diesen sehe.«

Also eilt dieser hinaus, schreibt den Namen Allahs auf seine Handfläche und zeigt ihn dem *Ruh* des Knechtes. Alsdann antwortet ihm der *Ruh,* und der Todesengel bringt ihn durch die *Baraka* Seines Namens hinaus. Auf diese Weise geht die Bitternis des Kampfes von ihm. Wie könnte die bittere Bestrafung auch nicht von ihm gehen? Der Name Gottes ist ihnen durch Sein Wort auf die Brust geschrieben, möge Er gepriesen sein:

> *Derjenige, dessen Brust sich geöffnet hat dem Islam,*
> *wandelt im Lichte seines Herrn.* (39,22)

Wie sollten also die Strafen und Schrecken der Auferstehung nicht von ihm gehen?

*

Die Überlieferung berichtet von fünf Dingen, welche tödliche Gifte sind, und fünf anderen Dingen, welche ihre Gegenmittel sind. Diese Welt ist das Gift, und das Leben ohne sie ist ihr Heilmittel. Der Besitz ist das Gift, und *Zakat* (Almosengeben) ist sein Heilmittel. Das Reden ist Gift, und der *Dhikr'ullah* ist sein Heilmittel. Alles Leben ist Gift, und der Gehorsam ist sein Heilmittel. Das ganze Jahr ist Gift, und der Monat *Ramadan** ist sein Heilmittel.

*

In einer Überlieferung heißt es, daß zu der Zeit, da der Knecht sich im Todeskampf befindet, ein Schrei vor dem Allerbarmherzigen ertönt: »Laß ihn eine Stunde ruhen!« Wenn der *Ruh* die Brust erreicht, ruft er: »Gönn' ihm eine Stunde der Ruhe!«. Das ruft er auch, wenn er die Knie und den Nabel erreicht. Wenn er die Kehle erreicht, erschallt ein Ruf: »Laß ihn, damit seine Glieder sich voneinander verabschieden und seine Augen Lebewohl sagen können.« Alsdann spricht er zum Abschied: »*As-salamu 'aleykum* bis zum Jüngsten Tag.« Dieses geschieht gleichermaßen mit den Ohren, den Händen und Füßen. Der *Ruh* sagt den *Nafs* Lebewohl.

Wir nehmen Zuflucht in Allah vor dem Abschied des *Imam* (Glauben) von der Zunge; und wir nehmen Zuflucht in Allah vor dem Abschied der Gnosis vom Herzen! Alsdann verbleiben die Hände und die Füße bewegungslos, die Augen ohne Sicht, die Ohren ohne Gehör und der Körper ohne *Ruh*. Wenn nun die Zunge ohne den *Imam* verbleibt, und das Herz ohne die Gnosis – was ist dann der Zustand des Knechtes im Grabe? Er sieht niemanden, weder Vater, noch Mutter, noch Söhne, noch Brüder, noch Freunde, noch Bett, noch Schleier. Wenn er also keinen edlen Herren sieht, ist großer Verlust über ihn gekommen. Imam Abu Hanifa sagte dazu: »Die Zeit, in welcher der *Imam* am häufigsten vom Knechte fortgenommen wird, ist die Zeit des Todeskampfes.« Möge uns Allah vor der Hinwegnahme des *Imam* behüten!

8. Wie Shaitan den Imam hinwegnimmt

Es heißt in der Überlieferung, daß *Shaitan**, möge Allah ihn verfluchen, vortritt und am Kopfe des Knechtes sitzt und zu diesem spricht: »Verlasse diese *Dîn* und sprich: ›Zwei Götter‹, auf daß du aus dieser Not errettet werdest!« Wenn das der Fall ist, dann ist die Gefahr stark, und die Furcht ist groß. Dann mußt du weinen und flehen und die Nacht mit vielen *Rukus* (Niederbeugungen) und *Sujuds* (Niederwerfungen) lebendig machen, damit du vor der Strafe Allah-ta'alas gerettet werdest.

Abu Hanifa wurde gefragt: »Welche der schlechten Taten ist die im Hinblick auf die Hinwegnahme des *Imam* am meisten zu fürchtende?«

Er antwortete: »Die Dankbarkeit gegenüber dem *Imam* aufzugeben, die Furcht vor dem Siegel aufzugeben, und die Ungerechtigkeit gegenüber den Knechten.« Wer immer diese drei Eigenschaften in seinem Herzen trägt, verläßt die Welt im allgemeinen als *Kafir,* wenn ihn nicht doch die Glückseligkeit erreicht.

Es heißt, der schrecklichste Zustand der Toten sei Durst und eine brennende Leber. Zu solchen Zeiten findet *Shaitan* eine Gelegenheit, durch die Macht des Durstes den *Imam* des Gläubigen zu entfernen. In solchen Augenblicken tritt *Shaitan* mit einem Glas Wasser vor dessen Kopf und bewegt das Glas Wasser auf ihn zu. Der *Mu'min* bittet ihn dann: »Gib mir etwas von diesem Wasser«, denn er erkennt ihn nicht als *Shaitan.*

Dieser antwortet ihm alsdann: »Sprich: ›Niemand gestaltete das Weltall‹, alsdann werde ich dir etwas Wasser geben.« Wenn er einer der Glücklichen ist, wird er nicht antworten.

Alsdann tritt *Shaitan* vor seine Füße und bewegt erneut jenes Glas Wasser auf ihn zu. Daraufhin spricht der *Mu'min*: »Gib mir etwas von diesem Wasser.«

Alsdann antwortet ihm *Shaitan*: »Sprich, daß der Gesandte, der Friede sei mit ihm, gelogen hat, und so werde ich dir etwas davon geben.«

Wenn er zu den Elenden gehört, wird er derart antworten, weil er den Durst nicht ertragen kann. So verläßt er die Welt als ein *Kafir*. Wir suchen Zuflucht in Allah! Wenn er zu den Glücklichen gehört, wird er sich weigern zu antworten und wird darüber meditieren, was vor ihm steht.

*

Es heißt, daß ein Freund zu Abu Zakariya az-Zahid kam, als die Zeit von dessen Tod gekommen war, und er im Todeskampf lag. Der Freund ermahnte ihn, die guten Worte zu sprechen *Lâ ilâha illâ 'Llâh, Muhammadûn Rasulullâh,* aber er verweigerte es. Daraufhin bat ihn der Freund ein zweites Mal, und er verweigerte es ein zweites Mal. Der Freund bat ihn ein drittes Mal, und er antwortete: »Ich werde es nicht sagen.« Dann verlor er vor seinem Freund das Bewußtsein.

Als Abu Zakariya nach einer Stunde wieder zu sich kam, da öffnete er die Augen und sprach: »Sagtest du irgend etwas zu mir?«

Man antwortete ihm: »Ja, wir boten dir dreimal an, die *Shahada* (das Bekenntnis) auszusprechen, und zweimal verweigertest du es, und beim dritten Mal sagtest du: »Ich werde es nicht sagen.«

Da erklärte ihnen Abu Zakariya: »*Iblis* kam mit einem Glas Wasser zu mir und stand an meiner rechten Seite und schüttelte es und sprach zu mir: ›Hast du Verlangen nach Wasser?‹ Ich antwortete ihm: ›Ja.‹ Alsdann sagte er zu mir: ›Dann sprich: ›Isa (Jesus) ist der Sohn Gottes.‹ Da verweigerte ich ihm die Antwort. Alsdann trat er vor meine Füße und sagte das gleiche. Beim dritten Mal sagte er: ›Sprich: *Lâ ilâha* (Es gibt keinen Gott).‹ Da antwortete ich ihm: ›Ich werde es nicht sagen.‹ Da warf er das Glas Wasser zu Boden und floh. Ich gab *Iblis* jene Antwort, nicht dir. Doch jetzt bezeuge ich *Lâ ilâha illâ 'Llâh* (Es gibt keinen Gott außer Allah), und ich bezeuge auch, daß Mohammed Sein Knecht und Gesandter ist.«

*

Dann gibt es noch eine Geschichte, welche von Mansur ibn 'Ammar überliefert wurde: »Wenn sich der Tod dem Knecht nähert, wird sein Besitz in fünf Teile geteilt: sein Vermögen geht an seine Erben, der *Ruh* an den Todesengel, das Fleisch an die Würmer, die Knochen an die Erde, die guten Taten an seine Feinde, und die Fortnahme des *Imam* an den *Shaitan.*« Dazu sagte er: »Wenn die Erben mit dem Besitz weggehen, ist dieses recht. Wenn der Todesengel mit dem *Ruh* entschwindet, ist es recht. Wenn die Würmer mit dem Fleisch entschwinden, ist es recht. Wenn die Erde die Knochen hinwegnimmt, ist es recht. Wenn die Widersacher mit den guten Taten fortziehen, ist es recht. Wenn doch nur nicht *Shaitan* zur Todesstunde mit dem *Iman* entschwindet! Denn das ist die Trennung von der *Dîn* (Glaubensausübung). Doch die Trennung des *Ruh* vom Körper bedeutet keine Trennung von seinem Herrn. Es handelt sich um eine Trennung, die später nicht als Verlust wahrgenommen wird.«

9. Über die Rufe

Es heißt in einer Überlieferung, daß drei Rufe vom Himmel erschallen, wenn der *Ruh* vom Körper getrennt wird: »Du Sohn Adams, hast du die Welt verlassen – oder hat die Welt dich verlassen? Hast du die Welt eingenommen – oder hat die Welt dich vereinnahmt? Hast du die Welt getötet – oder hat die Welt dich getötet?«

Wenn er vor denjenigen gelegt wird, welcher die *Ghazl* (Totenwaschung) des Körpers vornimmt, erschallen drei Rufe: »Du Sohn Adams, wo ist dein starker Körper geblieben? Wie schwach du bist! Wo ist deine beredte Zunge geblieben? Wie schweigsam du bist! Wo sind deine Lieben geblieben? Wie alleine du bist!«

Wenn er in das Leichentuch gelegt wird, erschallen drei Rufe: »Du Sohn Adams, du bist ohne alle Vorräte auf eine lange Reise gegangen! Du hast dein Heim verlassen und wirst nicht mehr dorthin zurückkehren. Du hast dein Pferd verlassen und wirst kein gleiches mehr reiten; du bist auf dem Wege zu einem schrecklichen Haus!«

Wenn er zum Begräbnis getragen wird, erschallen drei Rufe: »Du Sohn Adams! Der *Tuba* (der Segensbaum im Paradies) ist dein, wenn du Buße tatest! Der *Tuba* ist dein, wenn deine Taten gut waren! Der *Tuba* ist dein, wenn dein Begleiter das Wohlgefallen Gottes war! Wehe dir, wenn dein Gefährte der Zorn Gottes war!«

Wenn das Gebet beginnt, erschallen drei Rufe: »Du Sohn Adams! Du wirst auf einmal jede Tat schauen, welche du einst getan! War deine Tat eine gute, wirst du sie als eine gute schauen. War sie jedoch eine Verirrung, wirst du sie als Verirrung schauen!«

Wenn die Totenbahre am Rande des Grabes steht, erschallen drei Rufe: »Du Sohn Adams, was hast du an Besitztümern für diesen Bankrott angesammelt? Was hast du an Reichtum für diese Armut erworben? Was hast du an Licht für diese Dunkelheit zusammengetragen?«

Wenn er im Grabe liegt, erschallen drei Rufe: »Du Sohn Adams, du lachtest auf meinem Rücken; nun weinst du in meinem Inneren! Voller Freude warst du auf meinem Rücken, nun bist du voll Trauer in meinem Inneren! Du sprachest auf meinem Rücken, nun schweigst du in mir!«

Wenn sich die Menschen von ihm abwenden, spricht Allahta'ala zu ihm: »O Mein Knecht! Du bist nun allein und auf dich selbst gestellt. Sie haben dich in der Dunkelheit des Grabes zurückgelassen. Du widersetztest dich Mir um ihretwillen und wegen deines Weibes und deiner Kinder. Doch Ich will dir heute Gnade gewähren, eine Gnade, welche alle Geschöpfe erstaunt. Denn Ich bin barmherziger mit dir als eine Mutter mit ihrem Kinde.«

10. Über den Zustand der Erde und des Grabes

Anas ibn Malik, möge Allah mit ihm zufrieden sein, sagte: »Jeden Tag ruft die Erde zehn Worte hinaus: ›O Sohn Adams! Du gehst auf meinem Rücken, doch dein Ende wird in meinem Inneren sein. Du bist ungehorsam auf meinem Rücken, doch deine Bestrafung wird dir in meinem Inneren zuteil. Du lachst auf meinem Rücken, doch in meinem Inneren wirst du weinen. Du ißt Verbotenes auf meinem Rücken, doch in meinem Inneren werden die Würmer dich fressen. Du sammelst auf meinem Rücken Verbotenes *(Haram)* an, doch wirst du dich in meinem Inneren selbst auflösen. Du prahlst auf meinem Rücken und wirst doch demütig sein in meinem Inneren. Du gehst umher voller Glück auf meinem Rücken und wirst doch in Kummer fallen in meinem Inneren. Auf meinem Rükken wandelst du im Licht und wirst dereinst doch in Dunkelheit sitzen in meinem Inneren. Du wandelst in Gemeinschaft mit anderen auf meinem Rücken und wirst doch alleine in meinem Inneren sitzen.«

*

In einer Überlieferung heißt es, daß das Grab jeden Tag dreimal ausruft: »Ich bin das Haus der Trennung und Einsamkeit, der Skorpione und Schlangen! Ich bin das Haus der Dunkelheit! Ich bin das Haus der Würmer! Was hast du vorbereitet für mich?«

*

Es heißt, daß die Gräber jeden Tag fünfmal ausrufen: »Ich bin das Haus der Einsamkeit; also mache das Lesen des Korans zu deinem vertrauten Gefährten! Ich bin das Haus der Dunkelheit, also erleuchte mich mit deinem Nachtgebet. Ich bin das Haus der Erde, also arbeite für dein Bett durch die Ausübung guter Taten. Ich bin das Haus der Vipern, darum trage ihr Gegengift mit dir; es ist das *Bismillahi'r-Rahmani'r-Rahim* (Im Namen des Gnädigen, des Allbarmherzigen) und das Vergießen von Tränen. Ich bin das Haus der Befragung durch *Munkar** und *Nakir**, darum übe das Hersagen von *Lâ ilâha illâ 'Llâh, Muhammadûn Rasulullâh* auf meinem Rücken, damit du ihnen antworten kannst.«

11. Über den Schrei des Ruh nach seinem Abschied

Es heißt, A'isha*, möge Allah mit ihr zufrieden sein, habe gesagt:

Ich saß gerade mit überkreuzten Beinen im Hause, als der Gesandte Allahs, der Friede sei mit ihm, hereinkam. Er grüßte uns, und ich wollte gerade aufstehen, wie ich es immer tat, wenn er eintrat. Doch er, der Friede sei mit ihm, sprach zu mir: »Setze dich. Du mußt nicht aufstehen, o Mutter der *Mu'minun* (Gläubigen).«

Alsdann setzte sich der Gesandte Allahs nieder, legte seinen Kopf in meinen Schoß und schlief auf dem Rücken liegend ein. Da fing ich an, nach weißen Haaren in seinem Bart zu schauen, und fand neunzehn weiße Haare. Ich dachte bei mir selbst: »Er wird diese Welt vor mir verlassen, und die Gemeinschaft wird ohne Propheten sein.« Da weinte ich, bis die Tränen auf sein Gesicht fielen.

Er erwachte aus seinem Schlaf und fragte mich: »Warum weinst du, o Mutter der Gläubigen?«

Also erzählte ich ihm, was geschehen war, und er fragte: »Welcher ist der schlimmste Zustand für einen toten Menschen?«

Ich antwortete ihm: »Sage es mir, Du Gesandter Gottes.«

Darauf hin sagte er: »Nein, sage du es.«

Da sagte ich: »Es gibt keinen schlimmeren Zustand als die Zeit, in der er sein Heim verläßt und die Kinder um ihren Vater oder ihre Mutter trauern und der Vater trauert um seinen Sohn.«

Da sagte er: »Das ist schlimm, aber was ist schlimmer als das?«

Ich sagte: »Es gibt keinen schlimmeren Zustand für einen toten Menschen als den, wenn er in sein Grab gelegt wird und die Erde ihn bedeckt, und seine Verwandten, Söhne und Geliebten von ihm gehen und ihn mit seinen Taten Allah-ta'ala anempfehlen; und alsdann *Munkar* und *Nakir* zu seinem Grabe kommen.«

Da sprach er: »O Mutter der Gläubigen, was ist noch schlimmer für den Toten?«

Ich entgegnete ihm: »Allah und Sein Gesandter wissen es am besten.«

Da sprach er: »O A'isha, der schrecklichste Zustand für einen Toten ist es, wenn der *Ghasil* sein Heim betritt, um ihn zu waschen. Dann wird ihm der Ring seiner Jugend vom Finger gezogen und sein Hochzeitskleid von seinem Körper geknüpft, und der Turban der Scheiche und *Fuqaha* (jene, welche gelehrt im göttlichen Gesetze sind) vom Kopfe gehoben, damit man ihn waschen kann. Wenn ihn nun sein *Ruh* nackt daliegen sieht, ruft er mit einer Stimme, welche von allen Geschöpfen außer den *Jinnen* und Menschen gehört wird, laut aus: ›O *Ghasil!* Bei Gott, ich bitte dich, diese Kleider mit Behutsamkeit von mir zu nehmen! Denn ich war gerade dabei, vom Zerren des Engels des Todes auszuruhen!‹

Wenn ihn dann das Wasser berührt, ruft er aus: ›O *Ghasil*! Bei Gott, gib weder heißes noch kaltes Wasser auf ihn, denn mein Körper ist gebrannt von der Hinwegnahme des *Ruh*.‹

Wenn ihn nun das Wasser wäscht, dann spricht sein *Ruh*: ›Bei Gott, o *Ghasil*! Berühre mich nicht mit Gewalt, denn mein Körper ist verwundet durch den Abschied des *Ruh*!‹

Wenn sie die Waschung beenden und ihn in sein Leichentuch legen und seine Füße zusammenbinden, ruft sein *Ruh* aus: ›O *Ghasil*! Bei Gott, binde das Leichentuch nicht an meinem Kopfe zusammen, damit ich die Gesichter meines Stammes sehen kann, meiner Kinder und Verwandten. Denn dieses ist das letzte Mal, daß ich sie sehen werde, denn noch heute werde ich von ihnen scheiden und werde sie bis zum Tage der Auferstehung nicht wiedersehen.‹

Wenn der Tote aus seinem Hause getragen wird, ruft er aus: ›Bei Gott, ihr Versammelten! Eilet nicht mit mir, damit ich meinem Hause, meinem Volk, meinen Verwandten und meinem Besitz Lebewohl sagen kann.‹ Alsdann ruft er aus: ›Bei Gott, ihr Versammelten! Ich habe mein Weib als Witwe zurückgelassen, also tut ihr kein Unrecht an; meine Söhne habe ich als Waisen zurückgelassen, also tut ihnen kein Unrecht an. Denn heute verlasse ich mein Haus und werde niemals mehr zu ihnen zurückkehren.‹

Wenn er auf die Totenbahre gelegt wird, ruft er aus: ›Bei Gott, ihr Versammelten! Eilet nicht mit mir, damit ich die Stimmen meines Stammes, meiner Söhne und Verwandten ein letztes Mal zu hören vermag; denn heute scheide ich von ihnen bis zum Jüngsten Tag.‹

Wenn er auf der Bahre getragen wird und man drei Schritte mit ihm gegangen ist, ruft er mit einer Stimme, welche alle Wesen außer dem Menschen hören werden, und der *Ruh* sagt: ›Ihr meine Lieben, ihr meine Brüder, ihr meine Söhne! Laßt euch nicht von der Welt irreführen, wie sie mich irreführte! Laßt nicht die Zeit mit euch spielen, wie sie mit mir spielte! Und gedenket meiner, denn ich lasse heute zurück, was ich für meine Erben sammelte, die selbst keine meiner Fehler tragen. Allah-ta'ala wird mich zur Rechenschaft über diese Welt rufen, während ihr weiterhin auf sie hört; ihr jedoch werdet euch nicht an mich wenden.‹

Wenn sie das *Jinaza-* (Begräbnis-)Gebet sprechen, und einige seines Stammes und seiner Freunde sich vom Gebetsplatz entfernen, ruft er aus: ›Bei Gott, meine Brüder! Ich weiß, daß die Toten bei den Lebenden in Vergessenheit geraten, aber vergeßt mich doch nicht so rasch, noch bevor ihr mich begraben habt, um euch meine Wohnung anzusehen. O ihr Brüder! Ich weiß, daß das Gesicht des Toten kälter ist in den Herzen der Lebenden als bitterer Frost; doch geht nicht so eilend von dannen!‹

Wenn sie ihn in das Grab legen, ruft er aus: ›Bei Gott, ihr Erben! Ich sammelte viele Reichtümer in der Welt an und hinterließ sie für euch; darum erinnert euch meiner wegen dieser vielen Güter. Ich lehrte euch den Koran und die *Adab* (Sitten), darum vergeßt mich nicht in euren *Du'a* (Bittgebeten).‹«

*

Es gibt eine Geschichte von Abu Qalaba, möge Allah zufrieden mit ihm sein, in welcher berichtet wird, daß er träumte, die Gräber wären aufgeborsten und die Toten hervorgestiegen, und sie säßen auf den Rändern ihrer Gräber. Ein jeder von ihnen trug ein Tablett mit Licht in seinen Händen. Unter ihnen sah er einen seiner Nachbarn, welcher kein Licht in seinen Händen trug. Da fragte er ihn: »Was ist mit dir, daß ich kein Licht in deinen Händen sehe?«

Da antwortete ihm der Tote: »Jene haben Söhne und Freunde, die ihnen Gutes übersenden und um ihretwillen *Sadaqa* geben. Jenes Licht, welches du siehst, besteht aus dem, was sie ihnen übersandt haben. Ich habe einen Sohn, der kein *Salih* (Rechtschaffener) ist und kein *Du'a* (Bittgebet) für mich macht und auch kein *Sadaqa* meinetwegen gibt. Aus diesem Grunde habe ich kein Licht und bin vor meinen Nachbarn beschämt.«

Als Abu Qalaba erwachte, rief er den Sohn des Toten zu sich und berichtete ihm, was er gesehen hatte. Da gab ihm der Sohn zur Antwort: »Ich bereue es vor dir und werde niemals mehr zu dem zurückkehren, was ich bisher tat.« Alsdann übte er Gehorsam, verrichtete *Du'a* und gab *Sadaqa* zum Nutzen seines Vaters.

Nach einer Weile sah Abu Qalaba jenes Grab in einem weiteren Traume. Nun jedoch sah er ein Licht in der Hand jenes Mannes, welches heller war als die Sonne und größer als das Licht seiner Gefährten. Da sprach ihn der Tote an: »O Abu Qalaba, möge es dir Allah mit Seiner Güte vergelten! Ich bin von der Schande vor meinen Nachbarn errettet worden!«

*

Es heißt, daß der Engel des Todes zu einem Mann in Alexandria kam, welcher ihn mit den Worten empfing: »Wer bist du?«

Da antwortete ihm der Engel: »Ich bin der Engel des Todes.« Da begann das Fleisch der Schulterblätter des Mannes heftig zu zittern, und der Todesengel sprach zu ihm: »Was ist das, was ich sehe?«

Er antwortete ihm: »Die Furcht vor dem Feuer.«

Also sprach ihn der Todesengel an: »Soll ich dir ein Wort aufschreiben, durch welches du vor dem Feuer errettet wirst?«

Er sagte: »Ja.«

Da rief der Engel des Todes nach einem Papier und schrieb darauf: *Bismillahi'r-Rahmani'r-Rahim.* Dann sprach er: »Dieses ist deine Befreiung vom Feuer!«

*

Ein Gnostiker hörte einen Mann *Bismillahi'r-Rahmani'r-Rahim* aufsagen, woraufhin er ihn ansprach: »Der Name des Geliebten liegt in diesem Worte; welch ein erhabener Anblick dies ist!« Dann sprach er: »Man sagt, daß die Welt mit dem Todesengel nicht ein Sechstel eines *Dirham* (ein *Danaq**) wert sei. Ich jedoch sage, daß die Welt keinen *Danaq* wert ist *ohne* den Engel des Todes; denn er verbindet den Liebenden mit dem LIEBENDEN (Gott).«

12. Über das Unglück des Toten

In einer Überlieferung heißt es: Wer durch ein Unglück geschlagen ist und alsdann seine Kleider aufreißt und seine Brust schlägt, der gleicht dem, welcher eine Lanze nimmt und Krieg gegen Allah-ta'ala führt. Der Prophet, der Friede sei mit ihm, sagte: »Wer seine Tür oder seine Kleider im Unglück schwärzt, oder seine Tür schwarz verhängt, oder einen Baum abbricht, oder seine Haare abschneidet, dem wird für ein jedes Haar ein Haus im Feuer errichtet. Allah-ta'ala wird weder freiwillige Gaben noch Rechtfertigungen von ihm annehmen, solange das Schwarz seine Tür bedeckt. Allah-ta'ala wird ihm das Grab eng machen und sein Gericht hart. Ein jeder der himmlischen und irdischen Engel wird ihn verfluchen und eintausend Fehler aufschreiben für ihn. Auch wird er nackt in seinem Grabe stehen. Wer seine Taschen wegen eines Verlustes zerreißt, dem wird Allah seine *Dîn* zerreißen. Wer seine Wangen schlägt oder sein Gesicht zerkratzt, dem wird Allah-ta'ala den Anblick Seines Antlitzes für verboten erklären.«

*

Wenn ein Sohn Adams stirbt, so heißt es in einer Überlieferung, und in seinem Hause Schreie erschallen, dann wird der Todesengel an der Türe des Hauses stehen und fragen: »Weswegen nur schreien diese Menschen? Bei Gott, ich habe weder das Leben noch den Unterhalt von irgendjemandem von euch vermindert, noch habe ich irgendjemandem unter euch Unrecht getan. Sollte euer Schreien mir gelten: Ich bin nur ein beauftragter Knecht. Sollte es dem Toten gelten: Dieser ist bereits besiegt. Sollte es jedoch Allah-ta'ala gelten, so wisset ihr nicht von Ihm. Bei Gott, ich werde wieder und wieder zu euch zurückkehren!«

13. Über das Weinen um den Toten

Abu'l-Layth, möge Allah ihm gnädig sein, sagte: »Lautes Wehklagen ist *Haram* (verboten), jedoch schadet es nicht, für den Toten zu weinen; besser jedoch ist Geduld.« Allah-ta'ala verhieß:

> *Gewißlich, der Geduldige wird seinen vollen Lohn ohne Gericht erhalten.* (39,10)

Es heißt, der Prophet habe gesagt: »Der Fluch Allahs und der Engel und der Menschen liegt auf den Klagefrauen und jenen um sie herum, die ihnen zuhören.«

*

Es heißt, daß, als Hassan bin Hassan bin 'Ali gestorben war, sein Weib ein Jahr lang an seinem Grabe verweilte. Als das Jahr um war, wurde die Waage aufgestellt. Alsdann hörte man eine Stimme auf einer Seite des Grabes sagen: »Hast du gefunden, was du verlorest?« Und von der anderen Seite hörte man eine Stimme, die sprach: »Wahrlich, du hast dich schlecht betragen.« Daraufhin verschwanden sie.

*

Als der Sohn des Propheten Ibrahim (Abraham), der Friede sei mit ihm, starb, so heißt es, da tränten die Augen des Propheten, Friede und Gottes Segen seien mit ihm. Da sprach 'Abdur-Rahman ibn 'Awf zu ihm: »O Gesandter Allahs. Verbotest du uns nicht das Weinen?«

Da erwiderte er, der Friede sei mit ihm: »Was ich euch allein verbot, sind die ausschweifenden, törichten Töne: die

Der Erzengel Gabriel (Jibril) erscheint dem Propheten Mohammed im Traum, um ihn mitzunehmen auf die visionäre »Nachtreise«, auf der Mohammed die Erfahrungen der Seele im Feuer und im Garten schaut. (Aus einem illuminierten Manuskript über die Nachtreise des Propheten Mohammed, »Miraj Nameh«, Iran, 15. Jh.)

Auf dem Mysterienwesen Buraq reitend und vom Erzengel Gabriel geführt, steigt der Prophet Mohammed während seiner Nachtreise in den Himmel auf. (Aus einem illuminierten Manuskript des »Khamseh« von Nizami, Indien, 16. Jh.)

Darstellung des Tuba-Baumes, der im Paradiesgarten wächst, auf einem Wandteppich aus Isfahan. (18. Jh.)

Auf dem Höhepunkt seiner visionären Nachtreise erreicht Mohammed, von Wolken aus goldfarbenem Licht umgeben, den siebenten Himmel. Sich vor dem Throne Gottes niederwerfend, nähert er sich jenem Zustand der äußersten Verzückung, des Verlöschens vor dem Antlitz Allahs, über den nichts mehr ausgesagt werden kann. (»Miraj Nameh«, Iran, 15. Jh.)

Stimmen lauten Wehklagens und Gesänge und das Zerkratzen der Gesichter und das Zerreißen von Taschen. Dieses jedoch ist eine Gnade, welche Gott in die Herzen der Barmherzigen gelegt hat.« Alsdann sagte er, der Friede sei mit ihm: »Das Herz ist voll Trauer, und das Auge weint.«

Von Wahb bin Kaysan, möge Allah zufrieden mit ihm sein, wird überliefert, daß 'Omar sein Weib wegen eines Toten weinen sah, woraufhin er ihr dieses verbot. Der Prophet, der Friede sei mit ihm, sagte hierzu: »Laß sie, o Abu Ja'far, denn das Auge weint, und das Ich ist betrübt, und der Bund wird erneuert.«

14. Über die Geduld im Unglück

Von Ibn 'Abbas, möge Allah zufrieden mit ihm sein, wird überliefert, der Prophet, der Friede sei mit ihm, habe gesagt: »Das erste, was die Feder durch den Befehl Allah-ta'alas auf die Wohlverwahrte Formentafel schrieb, war: ›Ich bin Allah. Es gibt keinen Gott außer Mir allein. Mohammed ist Mein Knecht und Gesandter und das Beste Meiner Schöpfung. Wer sich Meiner Weisung unterwirft und Geduld gegenüber Meinen Prüfungen hat und voller Dankbarkeit gegenüber Meinen Segensreichungen ist, den werde Ich als einen *Siddiq* (Ehrenhaften, Vertrauten) aufschreiben und ihn am Jüngsten Tag zusammen mit den *Siddiqun* auferstehen lassen. Ihm werde Ich Eingang verschaffen in den Garten. Wer sich Meiner Weisung widersetzt und keine Geduld gegenüber Meinen Prüfungen hat und gegenüber Meinen Segensreichungen nicht dankbar ist, der verläßt seine Wohnstatt unter Meinem Himmel und sucht einen anderen Herrn als Mich.‹«

*

Der *Faqih**, möge Allah zufrieden mit ihm sein, sagte: »Die Geduld in der Versuchung und der *Dhikr'ullah* (das Gedenken Gottes) im Unglück sind Teil dessen, was Pflicht des Menschen ist; denn so dieser Gott in jenen Augenblicken erwähnt, ist er einverstanden mit den Weisungen Allahs und verabscheut den *Shaitan.*«

'Ali ibn Abi Talib, möge Allah sein Antlitz veredeln, sagte: »Geduld hat drei Gesichter: das erste ist die Geduld im Gehorsam; das zweite ist die Geduld im Widerwillen; und das dritte ist die Geduld im Unglück. Gott schenkt demjenigen, der geduldig im Gehorsam ist, einhundert Ränge dessen, was sich zwischen Himmel und Erde befindet. Und demjenigen, welcher geduldig im Widerwillen ist, schenkt Er am Jüngsten Tag sechshundert Ränge dessen, was sich zwischen Himmel und Erde befindet. Doch demjenigen, welcher geduldig im Unglück ist, dem wird Allah eine Belohnung ohne jedes Gericht erteilen.«

15. Über den Abschied des Ruh vom Körper

Wenn der Knecht im Todeskampf liegt, so heißt es in einer Überlieferung, wird seine Zunge angehalten, und die vier Engel kommen zu ihm. Der erste sagt: »*As-salamu 'aleykum.* Ich bin mit deinem Unterhalt betraut. Ich bin über die Erde geflogen, von Osten bis Westen, und habe doch für deine jetzige Stunde nicht einen einzigen Bissen an Nahrung gefunden.«

Alsdann wird der zweite eintreten und sprechen: »*As-salamu 'aleykum.* Ich bin mit deinem Wassertrinken und mit den anderen Getränken betraut. Von Osten nach Westen bin ich geflogen und habe doch für deine jetzige Stunde nicht einen einzigen Schluck Wasser gefunden.«

Alsdann wird der dritte eintreten und sprechen: »*As-salamu 'aleykum.* Ich bin mit deinem Atem betraut. Von Osten nach Westen bin ich über die ganze Erde geflogen und habe doch für deine jetzige Stunde nicht einen einzigen Atemzug für dich gefunden.«

Alsdann wird der vierte Engel eintreten und sprechen: »*As-salamu 'aleykum.* Ich bin mit deiner Frist betraut. Von Osten nach Westen bin ich über die ganze Erde geflogen und habe doch nicht eine einzige Stunde für dich gefunden.«

Sodann werden die Edlen Schreiber hereintreten, zu seiner Linken, wie zu seiner Rechten. Der auf der Rechten wird sagen: »*As-salamu'aleykum.* Ich bin mit deinen rechten Taten betraut.« Dann wird er ein weißes Papier hervorholen, vor ihm ausbreiten und zu ihm sprechen: »Betrachte deine Taten.« Dabei ist der Knecht glücklich und frohlockt.

Der auf der Linken wird sprechen: »*As-salamu 'aleykum.* Ich bin mit deinen schlechten Taten betraut.« Dann wird er ein schwarzes Papier hervorbringen, es ausbreiten und sprechen: »Betrachte deine Taten.« Dann strömt der Schweiß an dem Knecht herab, und er blickt nach rechts und links, aus Furcht, diese Seite zu lesen. Der Engel allerdings besteht darauf, legt sie auf sein Kissen nieder und geht.

Dann tritt der Todesengel ein. Zu seiner Rechten folgen ihm die Engel der Barmherzigkeit, zu seiner Linken die Strafengel. Unter ihnen befinden sich jene, welche den *Ruh* herausziehen, und jene, die ihn gewaltsam herauszerren, sowie jene, die sehr grob sind. Wenn er die Kehle erreicht, nimmt der Todesengel den *Ruh* hinweg. Gehört der Tote zu den glückseligen Menschen, so ruft er die Engel der Barmherzigkeit. Gehört er zu den elenden Menschen, so ruft er die Strafengel. Alsdann nehmen die Engel den *Ruh* mit sich in die Gegenwart des Herrn des Weltalles hinauf. Gehört der Tote zu den Glücklichen, spricht Allah: »Bringt ihn zu seinem Körper zurück, damit er betrachten kann, was von seinem Körper übriggeblieben ist.«

Also fahren die Engel mit dem *Ruh* nieder und stellen ihn in die Mitte des Hauses. Sodann sieht dieser, wer sich um ihn bekümmert, wer seinetwegen trauert und wer nicht, jedoch kann er nicht sprechen. Wenn die Totenbahre sein Grab füllt, befiehlt Allah-ta'ala dem *Ruh*, zu seinem Körper zurückzukehren, so wie es in der Welt war.

Andere Lesarten unterscheiden sich hier: In einigen heißt es, Allah-ta'ala befördere den *Ruh* in den Körper des Toten, wenn dieser in seinem Grabe sitzt, um befragt zu werden; in anderen heißt es, daß der *Ruh* ohne den Körper befragt wird. In einigen heißt es, daß der *Ruh* durch die Brust in den Körper eintritt, und in anderen, daß er sich zwischen dem Körper und dem Totenhemd aufhalte. Doch um diese soll man sich nicht kümmern. Die rechte Ansicht der Wissenden besteht darin, daß der Knecht die Strafe des Grabes annimmt und sich nicht mit ihren Umständen beschäftigt.

Der *Faqih,* möge Allah ihm gnädig sein, sagte: »Wer sich vor der Strafe des Grabes zu retten wünscht, hat sich streng an vier Dinge zu halten und muß unbedingt vier Dinge vermeiden. Die vier, an die er sich streng halten muß, sind: die fortdauernde Bewahrung des Gebetes, *Sadaqa,* das Lesen des Koran und häufige Lobpreisung. Diese vier Dinge erleuchten das Grab und machen es weit. Was die vier Dinge betrifft, die er vermeiden muß, so sind diese: das Lügen, der Verrat, die üble Nachrede, sowie Urin auf dem Körper.«

*

Der Prophet, der Friede sei mit ihm, sagte: »Vermeide Urintropfen, denn der größte Teil der Strafe des Grabes stammt von diesen.«

*

Alsdann steigen die zwei rauhen Engel herab, welche die Erde mit ihren Krallen verbrennen. Sie heißen *Munkar* und *Nakir.* Sie setzen sich zu ihm und sprechen ihn an: »Wer ist dein Herr? Wer ist dein Prophet? Und was ist deine *Dîn*?« Wenn er zu den Glücklichen gehört, entgegnet er: »Mein Herr ist Allah, und mein Prophet ist Mohammed, der Friede sei mit ihm. Und meine *Dîn* ist der Islam.«

Dann sprechen sie zu ihm: »Schlafe den Schlaf des Bräutigams«, und sie öffnen ein Loch neben seinem Kopf, durch welches er seinen Sitz im Garten schaut. Dann kehren die Engel mit dem *Ruh* in den Himmel zurück und stellen den *Ruh* in einen Kerzenleuchter, welcher zum Throne gehört.

*

Von Abu Hurayra, möge Allah zufrieden mit ihm sein, wird überliefert, der Prophet, der Friede sei mit ihm, habe gesagt: »Allah-ta'ala spricht: ›Ich schaffe keinen Meiner Knechte aus dieser Welt – solange Ich ihm vergeben will –, ohne daß ich nicht einen Teil seiner Taten in der Welt durch Krankheit in seinem Körper, Knappheit seines Lebensunterhaltes oder was ihm sonst noch Sorgen bereitet, vermindert hätte. Falls ihm irgendeine seiner schlechten Taten verbleibt, mache Ich seinen Tod schwer, damit er ohne jede schlechte Tat vor Mich tritt. Durch Meine Macht und Meine Herrlichkeit schaffe Ich keinen Meiner Knechte aus der Welt – solange Ich ihm vergeben will –, ohne daß Ich ihm im Tode jede gute Tat durch Gesundheit seines Körpers, Freude sowie Überfluß seines Unterhaltes belohne. Wenn etwas von seinen guten Taten verbleibt, mache Ich seinen Tod entsprechend leichter, so daß er ohne jede gute Tat vor Mich tritt.‹«

*

Abu'l-Aswad, möge Allah zufrieden mit ihm sein, sagte: »Wenn ein Zelt auf einen Mann fällt, lachen alle.«

*

A'isha, möge Allah zufrieden mit ihr sein, sagte: »Ich hörte den Gesandten Gottes sprechen: ›Kein *Mu'min* wird von einem Dorn gestochen, ohne daß Allah nicht eine gute Tat für jenen erhebt und eine schlechte Tat von ihm fallen läßt.‹«

Es heißt, daß es nichts Gutes in einem Körper gebe, der nicht von Krankheit heimgesucht sei, und nichts Gutes an einem Besitz, der nicht durch Beschwernisse betroffen sei.

*

Wird der *Mu'min* von dieser Welt getrennt und nähert sich der nächsten Welt, so heißt es in der Überlieferung, steigen Engel mit weißen Gesichtern zu ihm herab. Es ist, als wären ihre Antlitze die Sonne. Sie führen eines der Leichenhemden des Gartens mit sich und etwas vom balsamierenden Öl des Gartens. So sitzen sie bei ihm, so weit das Auge sehen kann. Dann nähert sich der Engel des Todes und setzt sich an seinen Kopf und spricht: »Komme mit mir, du Ich voller Frieden, kehre zur Gnosis Gottes und Seiner Freude zurück.«

Der Prophet, der Friede sei mit ihm, sagte: »Alsdann kommt er (der *Ruh*) heraus und fließt aus seinem Körper wie Wasser aus einem Wassersack fließt.« Dann nehmen sie ihn, legen ihn auf ihre Hände und wickeln ihn in das Leichentuch ein. Ein Duft wie Moschus entströmt diesem. Er, der Friede sei mit ihm, sagte: »Sie steigen nicht zu den Engeln empor, ohne daß sie sagen: ›Was ist das für ein köstlicher Duft?‹

Und sie antworten: ›Dieses ist der *Ruh* des So-und-so.‹ Und sie nennen ihn mit den besten der Namen, welche man in dieser Welt gebraucht.«

Wenn sie die Himmelsgrenze erreichen, bitten sie diese, sich zu öffnen. Dann öffnen sich die Himmelspforten für sie, und Engel aus allen Himmeln, bis hinauf zum siebenten Himmel, versammeln sich um sie. Alsdann ertönt ein Ruf vor Allah: »Schreibe seinen Bericht in die '*Illiyun** nieder!« Und so bringen sie ihn zur Erde zurück, denn er wurde aus ihr erschaffen, wie aus Seinem Wort, gepriesen sei Er, hervorgeht:

> *Aus Erde erschufen Wir dich, und ihr werden Wir dich zurückgeben. Dann werden Wir dich ein zweites Mal aus ihr erschaffen.* (20,55)

Er, der Friede sei mit ihm, sagte: »Also schaffen sie seinen *Ruh* in seinen Körper zurück, und alsdann kommen zwei fürchterliche Engel zu ihm und setzen sich zu ihm und sprechen zu ihm: ›Wer ist dein Herr? Wer ist dein Prophet? Und was ist deine *Dîn*?‹ Alsdann sagen sie: ›Was sagst du über den Mann, welcher zu euch gesandt wurde?‹

Dieser erwidert sodann: ›Er ist der Gesandte Allahs, welcher den Koran zu ihm herabsandte. Ich habe ihm vertraut, und ich habe ihn bestätigt.‹

Sodann ist ein Ruf aus dem Himmel zu hören: ›Mein Knecht hat die Wahrheit gesprochen. So bereitet für ihn ein Bett im Garten, kleidet ihn in die Gewänder des Gartens und öffnet ein Tor des Gartens für ihn.‹«

Er, der Friede sei mit ihm, sagte: »Alsdann wird einiges von seiner Güte und etwas von seinem Duft zu ihm gelangen, und sein Grab wird weit werden, so weit das Auge sehen kann.« Er, der Friede sei mit ihm, sagte: »Sodann wird ein Mann mit einem schönen Gesicht und einem schönen Gewand und von angenehmem Duft zu ihm kommen und ihn mit den Worten ansprechen: ›Erfreue dich an dem, was dich froh stimmt! Heute ist der Tag, der dir versprochen war!‹

Alsdann fragt ihn der Tote: ›Wer bist du? Möge Allah, gepriesen sei Er, gnädig mit dir sein! Ich habe niemals einen Schöneren gesehen als dich!‹

Er erhält zur Antwort: ›Ich bin deine rechten Taten.‹ Worauf der Tote ausruft: ›O Herr! Rufe die Stunde des Gerichtes aus, damit ich zu meinem Volk zurückkehren kann!‹«

Er, der Friede sei mit ihm, sagte: »Wenn er einer der Unglückseligen ist und der Tod zu ihm kommt, dann steigen Engel vom Himmel mit Strafgewändern zu ihm herab. Sie setzen sich fern von ihm nieder. Dann erscheint der Engel des Todes, setzt sich an des Sterbenden Kopf und spricht: ›Du verdorbenes Ich, trete hervor vor den Zorn Allah-ta'alas.‹«

Er, der Friede sei mit ihm, sagte: »Auf diese Weise wird sein *Ruh* von seinem Körper getrennt, und sein *Ruh* wird aus seinem Körper gezerrt, wie man einen Pflock aus nasser Wolle reißt. Wenn er aus seinem Körper tritt, verfluchen ihn alle Dinge und Wesen der Himmel und der Erde, und alle, außer den *Jinnen* und Menschen, hören ihn. Alsdann steigen sie mit ihm gegen den nächsten Himmel hinauf; doch wenn sie den nächsten Himmel erreichen, dann sind dessen Tore verschlossen. Ein Ruf ertönt vor dem Allbarmherzigen: ›Bringt ihn zu seinem Wohnort zurück!‹

So bringen sie ihn zu seinem Grab zurück. Dort kommen *Munkar* und *Nakir* mit den schrecklichsten ihrer Schrecken zu ihm. Ihre Stimmen grollen wie Donner, und ihre Augen flakkern wie Blitze. Mit ihren Klauen verbrennen sie die Erde. Also sitzen sie bei ihm und fragen ihn: ›Wer ist dein Herr?‹

Er antwortet ihnen: ›Ich weiß es nicht.‹

Dann ertönt ein Schrei von der Seite des Grabes: ›Schlagt ihn!‹ Also schlagen sie ihn mit einem Eisenstab, den selbst die ganze Schöpfung zusammen nicht aufheben könnte, und sein Grab füllt sich mit dem hierdurch entfachten Feuer. Also füllt das Feuer das Grab und vermischt sich mit seinen Rippen.

Dann erscheint ein Mann mit einem häßlichen Antlitz und einem Modergeruch vor ihm und spricht: ›Möge dir Allah mit Schlechtem vergelten, was du tatest. Bei Gott, du warst langsam im Gehorsam und schnell im Ungehorsam gegenüber Allah.‹

Alsdann erwidert der Tote: ›Wer bist du? Ich habe in der ganzen Welt keinen Häßlicheren gesehen als dich!‹

Als Antwort erhält er: ›Ich bin deine schlechten Taten.‹ Dann öffnet er ein Tor zum Feuer für ihn. Und der Tote betrachtet seinen Platz im Feuer und fährt damit fort, bis die Stunde des Gerichtes kommt. Es heißt, daß er sieben Tage in seinem Grabe geprüft wird, und der *Kafir* vierzig Tage lang.«

*

Der Prophet, der Friede sei mit ihm, sagte: »Wer am Freitag stirbt, den wird Allah-ta'ala vor der Prüfung im Grabe beschützen.«

*

In einer Überlieferung von Abu Umama al'Bahili, möge Allah zufrieden mit ihm sein, heißt es: »Wenn ein Mensch stirbt und in sein Grab gelegt wird, erscheint ihm der Engel des Todes und setzt sich an seinen Kopf. Er bestraft ihn und schlägt ihn mit einem Hammer. Ein jedes seiner Glieder wird ihm abgetrennt, und sein Grab füllt sich mit Feuer. Dann spricht er: ›Erhebe dich mit der Erlaubnis Allahs.‹

Wenn sich der Mensch erhebt, schreit er heraus, so daß alle außer den *Jinnen* und Menschen zwischen Himmel und Erde es hören. Er spricht zum Engel: ›Warum tatest du das? Warum bestraftest du mich? Ich vollzog das Gebet, ich gab *Zakat** und fastete im Monat *Ramadan.*‹

Der Engel erwidert: ›Ich bestrafe dich, weil du eines Tages an jemandem vorbeigingest, dem ein Unrecht geschehen war, und er bat dich um Hilfe, aber du halfest ihm nicht. Und eines anderen Tages betetest du und hattest dich nicht von deinem Urin gereinigt.‹«

Durch diese Überlieferung wird deutlich, daß den Unterdrückten zu helfen eine Pflicht ist, wie es der Prophet, der Friede sei mit ihm, sagte: »Wer einen Unterdrückten sieht, der ihn um Hilfe bittet, doch ihm nicht hilft, der wird in seinem Grabe mit einhundert Hieben der Hölle geschlagen werden.«

Der Prophet, der Friede sei mit ihm, soll auch gesagt haben: »Am Tage der Auferstehung wird Allah vier Menschen zu *Minbars* (Moscheekanzeln) aus Licht bringen und wird sie in die Obhut seiner Barmherzigkeit nehmen.«

Man fragte ihn: »Wer sind diese vier Menschen, o Gesandter Allahs?«

Er, der Friede sei mit ihm, antwortete ihnen: »Wer jemandem Nahrung gibt, der hungrig ist; wer einen *Ghazi* (Krieger) ausrüstet, welcher auf dem Pfade Gottes kämpft; wer jemandem hilft, der schwach ist; wer jemandem hilft, der sich in Schwierigkeiten befindet.«

*

Von Anas ibn Malik, möge Allah zufrieden mit ihm sein, wird überliefert, er, der Friede sei mit ihm, habe gesagt: »Wenn der

Tote in sein Grab gelegt wird und die Erde über ihn ausgestreut wird, werden seine Söhne und seine Sippe sagen: ›O wehe um den *Sayyid**! O wehe um den *Sherif**!‹ Der Engel, der mit ihm betraut ist, spricht sodann: ›Hörst du, was sie sagen?‹

Er antwortet: ›Ja.‹

Nun fragt ihn der Engel: ›Warst du ein *Sherif*?‹

Der Knecht antwortet ihm: ›Sie sagen es. Wenn sie doch nur schwiegen!‹

Alsdann drückt ihn sein Grab, und seine Rippen werden ineinandergedrückt, und in seinem Grabe ruft es: ›O wehe dem Berühmten! Welchen Rang hat er, und welcher Art ist seine Reue! Wie hart ist die Befragung!‹ Dieses dauert bis zur ersten Freitagnacht des *Rajab** jenes Jahres fort.

Alsdann spricht Allah-ta'ala: ›Bezeuget es, Meine Engel! Ich habe ihm seine schlechten Taten vergeben und seine Irrtümer dadurch getilgt, daß er des Nachts zum Gebete aufstand.‹«

16. Über den Engel, der das Grab vor Munkar und Nakir betritt

Von 'Abdullah ibn Salam wird überliefert:

Ein Engel kommt zu dem Toten, noch vor Munkar und Nakir. Sein Antlitz scheint wie die Sonne. Sein Name ist *Ruman*. Er tritt vor den Toten und setzt sich. Alsdann spricht er: »Schreibe nieder, was du an guten und an schlechten Taten getan hast.«

Er antwortet: »Womit soll ich schreiben? Wo ist meine Feder, meine Tinte und mein Tintenfaß?«

Der Engel entgegnet ihm: »Dein Speichel ist deine Tinte, und deine Feder sind deine Finger.«

Dann fragt er ihn: »Worauf soll ich schreiben, da ich kein Papier habe?«

Der Prophet, der Friede sei mit ihm, sagte: »Der Engel wird ein kleines Stück vom Leichentuch des Toten herausreißen und sagen: ›Dieses hier ist dein Papier. Also schreibe!‹«

Alsdann wird er schreiben, welche der guten und welche der schlechten Taten er tat in dieser Welt. Und wenn er zu den schlechten kommt, dann wird er sich schämen. Also spricht der Engel zu ihm: »O du Irrender! Warum hast du dich nicht vor deinem Schöpfer geschämt, als du Falsches tatest in der Welt? Nun bist du beschämt!« Dann hebt der Engel einen Knüttel und schlägt ihn damit.

Dann spricht der Tote: »Nimm ihn hinweg, damit ich schreiben kann!« Darauf schreibt er seine guten und seine schlechten Taten nieder. Dann befiehlt ihm der Engel, seine Schrift aufzurollen und sie zu versiegeln. Also rollt er sie auf und spricht: »Womit soll ich sie versiegeln? Ich habe kein Siegel.«

Darauf erwidert ihm der Engel: »Versiegele sie mit deinem

Nagel.« Also versiegelt er sie mit seinem Nagel und hängt sie bis zum Jüngsten Tag um seinen Hals.

Es ist Allah-ta'ala, welcher spricht:

> *Und einem jeden Menschen haben wir seinen Omenvogel an den Hals gehängt. Und am Tage der Auferstehung werden wir ihm ein Buch vorlegen, welches er weit aufgeschlagen vorfinden wird.* (17,13)

Danach treten *Munkar* und *Nakir* ein. Wenn der Ungehorsame am Tage der Auferstehung sein Buch erblickt, wird ihm Allah-ta'ala befehlen, es zu lesen. Er wird seine guten Taten lesen, doch wenn er seine schlechten Taten erreicht, wird er schweigen. Also wird Allah-ta'ala ihn fragen: »Warum liest du nicht?«

Und er wird erwidern: »Ich bin vor Dir beschämt.«

Und Gott wird ihn fragen: »Warum warst du nicht beschämt vor Mir in der Welt? Nun bist du beschämt.« Alsdann wird der Knecht alles bereuen; doch seine Reue wird ihm nichts nutzen.

Dann spricht Allah-ta'ala: »Nehmt ihn!«

Dann ergreifen sie ihn, und *Jahim* (ein Ort im Feuer) verbrennt ihn.

17. Über die Antwort auf die Befragung durch Munkar und Nakir

Wenn der Tote in sein Grab gelegt wird, so heißt es in der Überlieferung, werden zwei schwarze Engel mit grünen Augen vor seinen Kopf treten, deren Stimmen dem Donner, und deren Blicke den Blitzen gleichen, und deren Klauen die Erde verbrennen. Dann spricht das Gebet: »Tretet nicht vor mich, denn er betete so manches Gebet während des Tages und der Nacht aus Furcht vor diesem Orte.«

Alsdann treten sie vor seine Füße, und diese sagen: »Tretet nicht vor uns, denn er ging zum *Jum'a* (Freitagsgebet) aus Furcht vor diesen Orten.«

Nun treten sie vor seine rechte Seite, doch sogleich wird das *Sadaqa* sprechen: »Tretet nicht vor mich, denn er gab *Sadaqa* mit seiner rechten Hand aus Furcht vor diesen Orten.«

Also treten sie vor seine linke Seite, doch sein Fasten wird sprechen: »Tretet nicht vor mich, denn er blieb hungrig und durstig aus Furcht vor diesen Orten.«

Alsdann wird er selbst erwachen, wie ein Schläfer erwacht, und wird sprechen: »Was wollt ihr von mir?«

Sie werden ihm antworten: »Wir wollen das *Tawhid* (Einheitsbekenntnis) Gottes von dir hören!«

Also wird er es sprechen: »Ich bekenne: *Lâ ilâha illâ 'Llâh.*« Dann fragen sie ihn: »Was sagst du über Mohammed, der Friede sei mit ihm?«

Er antwortet ihnen: »Ich bekenne, daß Mohammed Sein Knecht und Gesandter ist.«

Dann sagen sie ihm: »Du lebtest als ein *Mu'min* und starbst als ein *Mu'min.*«

*

Die *Hikmat* (Weisheit) in der Befragung durch die zwei Engel besteht darin, daß die Engel einst schlecht über Adam, der Friede sei mit ihm, sprachen. Denn sie fragten Gott:

Willst Du jemanden in die Welt setzen, der dort
in Verderbtheiten leben wird?

– als Er, möge Er gepriesen sein, zu den Engeln sprach:

Nun bringe Ich einen Khalifa (Stellvertreter) auf die Erde.

Da antwortete ihnen Allah-ta'ala und sprach:

Gewißlich, Ich weiß, was ihr nicht wisset. (2,30)

Deshalb sendet Allah-ta'ala zwei Engel zum Grabe des *Mu'min,* um den Toten zu befragen: »Wer ist dein Herr? Welcher ist dein Prophet? Und welche deine *Dîn*?« Und deshalb befahl er den zwei Engeln, vor allen Engeln Zeugnis darüber abzulegen, was sie vom *Mu'min* gehört hatten, denn die Mindestzahl der Zeugen ist zwei.

Also spricht der Herr: »Ihr Meine Engel! Ich habe seinen *Ruh* genommen und seinen Besitz einem anderen gelassen. Auch habe Ich sein Weib und seine Kinder in den Häusern eines anderen zurückgelassen, und seine Sklavenmädchen einem anderen gegeben. Im Inneren der Erde wurde er befragt, und er war nur zufrieden mit Mir und antwortete niemandem als Mir. Und er sprach: ›Allah-ta'ala ist mein Herr, und Mohammed ist mein Prophet, und der Islam ist meine *Dîn.*‹ Wisset ihr nicht, daß Ich weiß, was ihr nicht wisset?« – wie es auch im Buche steht.

18. Über die Edlen Schreiber

Es heißt, daß ein jeder Mensch zwei Engel bei sich habe. Der eine auf seiner Rechten schreibt seine guten Taten ohne das Zeugnis des anderen nieder. Der zweite auf seiner Linken schreibt seine schlechten Taten nieder; doch der auf der Linken schreibt sie nur auf Bezeugung des rechten Gefährten nieder. Wenn ein Mensch sich niedersetzt, so befindet sich einer der Engel auf seiner Rechten und der andere auf seiner Linken. Wenn ein Mensch geht, dann geht der eine vor ihm und der andere hinter ihm. Wenn ein Mensch schläft, wacht der eine an seinem Kopfe und der andere an seinen Füßen.

*

In einer anderen Lesart heißt es, daß es fünf Engel seien – zwei in der Nacht und zwei am Tag und einer, welcher den Menschen zu keiner Zeit verläßt. Hier nun Sein Wort, möge Er gepriesen sein:

> *Ihn begleiten Engel vor ihm und hinter ihm.* (13,11)

Hiermit sind die Engel des Tages und der Nacht gemeint, die ihn vor den *Jinnen,* den Menschen und *Shaiyatin** beschützen.

*

Zwei Engel schreiben seine guten und seine falschen Taten zwischen seinen Schultern nieder, und ihre Feder ist seine Zunge, und ihr Tintenfaß ist sein Mund, und ihre Tinte ist sein Speichel. Sie schreiben seine Taten nieder bis zum Tag seines Todes.

Der Prophet, der Friede sei mit ihm, sagte: »Der Gefährte

der Rechten ist ein Treuhänder über den Gefährten der Linken. Wenn der Knecht eine schlechte Tat begeht und der Gefährte der Linken sie niederschreiben will, spricht der Gefährte der Rechten: ›Warte!‹ Alsdann wartet der Gefährte der Linken sieben Stunden lang. Wenn der Knecht Allah um Verzeihung bittet, schreibt er sie nicht nieder. Wenn er Allah nicht um Verzeihung bittet, schreibt der Gefährte der Linken eine schlechte Tat nieder. Wenn der Knecht hinweggenommen und in sein Grab gelegt wird, dann rufen die zwei Engel: ›O Herr! Wir beide schrieben die Taten Deines Knechtes nieder, und Du hast nun seinen *Ruh* hinweggenommen. Laß uns deshalb in die Himmel aufsteigen.‹ Dann antwortet Er ihnen: ›Der Himmel ist voller Engel, welche Mich lobpreisen. Darum kehret um und rufet *Subhanallah* aus über dem Grab Meines Knechtes, und *Allahu akbar*, und *Lâ ilâha illâ 'Llâh,* und schreibt das auf für Meinen Knecht, bis ich ihn aus seinem Grabe erhebe.‹« Also nennt sie Allah-ta'ala:

Die Edlen Schreiber (82,11)

Er nennt sie »Edle Schreiber«, weil sie, wenn sie eine gute Tat niederschreiben, damit in die Himmel aufsteigen, um sie Allah-ta'ala zu zeigen und zu bezeugen. Sie sagen: »Dein Knecht So-und-so tat diese-und-jene gute Tat.« Wenn sie eine schlechte Tat niederschreiben, steigen sie in die Himmel auf und bezeugen diese mit Kummer und Schmerzen. Allah-ta'ala spricht zu ihnen: »Ihr Edlen Schreiber, was hat Mein Knecht getan?«

Doch sie schweigen, bis Er sie ein zweites und ein drittes Mal befragt. Dann antworten sie Ihm: »Unser Gott, Du verschleierst ihre Untugenden, und Du befiehlst Deinen Knechten, ihre Fehler zu verschleiern. Jeden Tag lesen sie Dein Buch und hoffen auf unseren Schleier. Sie sagen:

Ihr Edlen Schreiber, wer weiß schon, was ihr wisset.

(82,11–12)

Also verschleiern wir ihre Fehler. Du jedoch weißt um das Verborgene.« Aus diesem Grunde werden sie die Edlen Schreiber genannt.

19. Über die Ankunft des Ruh an seinem Grabe und Aufenthaltsort

Der Prophet, der Friede sei mit ihm, sagte: »Nachdem der *Ruh* den Körper des Menschen verlassen hat und drei Tage vergangen sind, spricht der *Ruh*: ›O Herr! Gib mir die Erlaubnis zurückzukehren, um meinen Körper, in welchem ich lebte, zu betrachten.‹ Also gibt ihm Allah die Erlaubnis.

Alsdann eilt er zu seinem Grabe und betrachtet seinen Körper von weitem. Aus dessen Nasenlöchern und Mund fließt Blut. Darüber weint er eine lange Zeit und spricht: ›O weh, mein zerschundener Körper! Du mein Geliebter! Erinnerst du dich an deine Lebtage? Dieser Aufenthaltsort ist der Aufenthaltsort der Einsamkeit und der Versuchung, der Betrübnis und der Sorgen und der Reue.‹ Alsdann geht er von dannen.

Nach fünf Tagen spricht er: ›O Herr! Gib mir Erlaubnis, meinen Körper zu betrachten.‹ Also gibt ihm Allah die Erlaubnis, und er eilt zu seinem Grabe und betrachtet seinen Körper von weitem. Aus seinen Nasenlöchern, seinem Mund und seinen Ohren fließen Eiter und andere Stoffe. Dann weint er und spricht: ›O mein zerschundener Körper! Erinnerst du dich an deine Lebtage? Hier ist der Aufenthaltsort der Sorgen und des Kummers, der Versuchung, der Würmer und der Skorpione. Die Würmer haben dein Fleisch zerfressen und deine Haut und deine Glieder zerrissen.‹ Dann geht er von dannen.

Nach sieben Tagen fragt er erneut: ›O Herr! Gib mir die Erlaubnis, meinen Körper zu betrachten.‹ Also gibt ihm Allah-ta'ala die Erlaubnis hierzu, und er eilt zu seinem Grabe und betrachtet seinen Körper von weitem. Ihn haben bereits viele Würmer befallen. Daraufhin weint er bitterlich und spricht: ›Du mein zerschundener Körper! Erinnerst du dich deiner Lebtage? Wo sind deine Söhne, wo sind deine Verwandten? Wo ist dein Weib? Wo deine Brüder? Wo sind deine Freunde? Und wo deine Kameraden? Und wo sind deine Nachbarn, die sich an deiner Nähe erfreuten? Heute weinen sie um dich und mich.‹«

*

Von Abu Hurayra, möge Allah zufrieden mit ihm sein, wird überliefert: »Wenn der *Mu'min* stirbt, umkreist sein *Ruh* einen Monat lang sein Haus. Dabei sieht er, wie der Besitz, den er zurückließ, geteilt wird und seine Schulden bezahlt werden. Wenn der Monat um ist, kehrt er zu seinem Grab zurück. Er umkreist sein Grab, bis ein volles Jahr vergangen ist. Dabei sieht er jeden, der für ihn betet und betrübt seinetwegen ist. Wenn das Jahr um ist, steigt sein *Ruh* zu der Stätte hinauf, an welcher sich die *Arwah* bis zum Jüngsten Tage versammeln. Das heißt, bis zu jenem Tage, an welchem die Trompete geblasen wird.«

Er, möge Er gepriesen sein, verhieß:

> *Die Engel und der Ruh steigen hinab.* (97,4)

Es heißt, daß sie von einem süßen Hauch und einem Duft von Basilikum begleitet seien. Es heißt, der *Ruh* sei ein mächtiger Engel, der hinabsteigt, um den Gläubigen zu dienen, wie es Allah-ta'ala verhieß:

> *An jenem Tage, da der Geist (Ruh) und die Engel*
> *in Reihen stehen ...* (78,38)

Man sagt, daß damit der *Ruh* der Kinder Adams gemeint sei. Es heißt, daß jener *Ruh* Jibril (Gabriel) sei, der Friede sei mit ihm. Es heißt, daß der *Ruh* der *Ruh* Mohammeds unter dem Throne sei, welcher Allah um Erlaubnis bittet, in der Nacht der Macht* alle *Mu'minun,* Männer wie Frauen, grüßen zu dürfen.

Es heißt, jener *Ruh* sei der *Ruh* der Verwandten unter den Toten, welche sprechen: »O Herr! Erlaube uns zu unseren Aufenthaltsorten hinabzusteigen, damit wir unsere Söhne und unsere Familie sehen können.« Also steigen sie in der Nacht der Macht hinab, wie es Ibn 'Abbas, möge Gott zufrieden mit ihm sein, einst sagte: »Am Tage des *'Id**, am Tage des *'Ashura'**, am ersten Freitag des *Rajab** und in der mittleren Nacht des *Sha'ban,* der Nacht der Macht, auch in der Freitagnacht, steigen die *Arwah* der Toten aus ihren Gräbern hervor, treten vor die Türen ihrer Häuser und sprechen: ›Zeiget uns in der heutigen gesegneten Nacht durch einen Bissen Nahrung oder *Sadaqa* Barmherzigkeit. Denn wir bedürfen ihrer! Seid ihr kleinlich und gebt es uns nicht, dann gedenket unser mit der *Fatihah* (Eröffnungssura des Koran) in dieser gesegneten Nacht. Ist jemand unter euch, der sich unserer Abwesenheit erinnert?

O ihr, die ihr in unseren Häusern wohnt und die ihr unsere Frauen geheiratet habt und die ihr in der Weite unserer Wohnorte steht, während wir in der Enge des Grabes sitzen! O ihr, die ihr unseren Besitz teiltet und unsere Waisen schlecht behandeltet, erinnert sich einer unter euch unserer Abwesenheit? Unser Papier ist aufgerollt, und unsere Bücher sind ausgebreitet. Die Toten erhalten keine Belohnung im Grabe. Vergeßt uns nicht, sei es durch ein Stückchen Brot oder ein *Du'a.* Wir bedürfen eurer allezeit.‹ Wenn der Tote etwas *Sadaqa* findet, oder ein *Du'a,* kehrt er glücklich und in Freuden zurück. Findet er jedoch nichts davon, kehrt er traurig und elend und verzweifelt zurück.«

Es heißt, daß der *Ruh* sich in allen lebenden Dingen befindet, doch befindet er sich nicht im ganzen Körper, sondern in einem nicht näher bezeichneten Teil des Körpers. Das gilt als insofern erwiesen, als jemand mit vielen Wunden nicht unbedingt sterben muß, doch jemand, welcher nur ein einziges Mal verwundet ist, sterben muß, wenn seine Verwundung jenen Ort verletzte, in welchem der *Ruh* seinen Aufenthalt hat. Es heißt auch, daß der *Ruh* im ganzen Körper wohnt, da der Tod den ganzen Körper befällt, wie auch Sein Wort, möge Er gepriesen sein, es sagt:

> *Sprich: Er, der sie das erstemal erschuf, wird sie auch wiederbeleben.* (36,78)

Es heißt, daß es zwischen dem *Ruh* und dem *Riwan** keinen Unterschied gibt. Wir sagen, daß sie eins sind und sich nicht voneinander unterscheiden, so wie die Hand eins mit dem Körper ist, wenn sie sich auch von diesem entfernt und wieder zu diesem zurückkehrt, ohne daß der Körper sich bewegt hätte. Gleichermaßen kommt und geht der *Riwan,* ohne daß der *Ruh* sich bewegt. Der Aufenthaltsort des *Ruh* im Körper ist nicht bestimmt, doch der *Riwan* wohnt zwischen den Augenbrauen. Entschwindet der *Ruh,* so wird der Knecht zweifelsohne sterben. Entschwindet der *Riwan,* so schläft der Knecht. Es ist, als würde Wasser in eine große Schale fallen und würde in ein Haus gestellt, und die Sonne schiene durch ein kleines Fenster auf das Wasser. Ihre Strahlen sind auf der Oberfläche des Wassers zu sehen, doch bewegt sich die Schale nicht von ihrem Platz. Gleichermaßen wohnt der *Ruh* im Körper, doch seine Strahlen fallen auf den Thron, welcher der *Riwan* ist. Deshalb hat der Schlafende Gesichte, während er sich im *Malakut* (die Welt der Archetypen) befindet.

Was den Aufenthaltsort des *Ruh* nach seiner Hinwegnahme betrifft, so heißt es, dieser sei die Trompete, in welcher sich Löcher gemäß der Anzahl der bis zum Jüngsten Tage erschaffenen Geschöpfe befänden. Ist er gesegnet, so ist er dort; ist er gestraft, so ist er dort. Es heißt, daß die *Arwah* der *Mu'minun* sich in den Schnäbeln grüner Vögel in der *'Illiyun* befinden, während die *Arwah* der *Kafirun* sich in den Schnäbeln schwarzer Vögel im Feuer befinden.

Es heißt, daß die Gnadenengel die hinweggenommenen *Arwah* der *Mu'minun* mit Würde und Hochachtung in den siebenten Himmel hinauftragen. Alsdann ertöne ein Ruf vor dem Gnadenreichen: »Schreibe sie ein in die *'Illiyun*!« Alsdann werden sie zur Erde zurückgebracht. Sie bringen die *Arwah* zu ihren Körpern zurück und öffnen ein Tor zum Garten für sie. Alsdann wird er seinen Platz darin schauen, bis seine Stunde naht.

Wenn die *Arwah* der *Kafirun* hinfortgenommen werden, heben die Strafengel sie bis zum niedersten Himmel empor. Doch dessen Tore sind verschlossen. Alsdann wird ihnen befohlen, zu den Aufenthaltsorten ihrer Körper zurückzukehren. Ihre Gräber werden verengt, und ein Tor zum Feuer wird für sie geöffnet. Alsdann betrachten sie ihre Aufenthaltsorte im Feuer, bis ihre Stunde naht. Hierüber sagte der Prophet, der Friede sei mit ihm: »So lange, bis sie den Ton ihrer Sandalen hören und sie am Sprechen gehindert werden.«

*

Einige der Weisen fragten nach dem Aufenthaltsort der *Arwah* nach dem Tode. Da antwortete er ihnen, die *Arwah* der Propheten, der Friede sei mit ihnen, weilten in den Gärten von 'Adn (Eden). In ihren Gräbern seien sie ihren Körpern nahe, und diese wärfen sich nieder vor ihrem Herrn. Die *Arwah* der Märtyrer weilten in Firdaws im Zentrum des Gartens in den Schnäbeln grüner Vögel, welche überall hinflögen, wohin sie auch wollten. Alsdann gelangten sie zum Leuchter, welcher mit dem Throne verbunden sei. Die *Arwah* der Kinder der *Mu'minun* weilten in den Schnäbeln der Spatzen des Gartens. Die *Arwah* der Kinder der *Mushrikun* (Götzenanbeter) dagegen kreisten ohne Obdach im Paradiese bis zum Jüngsten Tage; dann würden sie den *Mu'minun* dienen. Die

Arwah der *Mu'minun,* welche Schulden auf sich geladen sowie Taten der Ungerechtigkeit aus Leidenschaft begangen hätten, würden weder den Garten noch den Himmel erreichen, solange ihre Schulden nicht beglichen und ihre Taten der Ungerechtigkeit nicht wettgemacht seien. Die *Arwah* der Muslime, welche schlechte Taten begangen haben, würden im Grabe mit dem Körper bestraft. Die *Arwah* der *Kafirun* und Heuchler befänden sich im *Sijjin** im Feuer des *Jahannam,* und dieses werde ihnen morgens und abends gezeigt.

*

Es heißt, daß der *Ruh* ein feinstofflicher Körper sei. Aus diesem Grunde spricht man nicht davon, daß Allah-ta'ala einen *Ruh* habe, da es unmöglich ist, daß Er sich an einem Orte befindet, wie ein Körper es tut. Es heißt, daß der *Ruh* erschaffen sei, und es heißt, daß er aus Luft gewonnen sei. Diese zwei Aussagen stammen von jemandem, welcher die Bestrafung im Grabe leugnet.

*

Es heißt, daß die Juden zum Propheten, der Friede sei mit ihm, kamen, um ihn über den *Ruh,* die Gefährten in der Höhle und Dhu'l-Qarnayn zu befragen. Da wurde ihm in Hinblick auf ihre Fragen die *Sura der Höhle* offenbart, und im Hinblick auf den *Ruh* Sein Wort, gepriesen sei Er:

> *Sie werden dich über den Ruh befragen.*
> *Sprich: Der Ruh ist durch Geheiß meines Herrn.* (17,85)

Es heißt, die Bedeutung dieses Wortes sei, daß der *Ruh* vom Wissen des Herrn stamme und niemand ihn kenne außer Ihm. Es heißt, der *Ruh* sei unerschaffen, da er der Befehl Allah-ta'alas sei, und der Befehl Allah-ta'alas sei das Wort. Es heißt, dies bedeute, daß der *Ruh* durch den Befehl »Sei!« des Herrn bestehe. Es gibt zwei Arten Seines Befehls: den verpflichtenden Befehl, wie etwa Sein Geheiß, Gottesdienst zu üben wie das Gebet, Fasten, *Haǧǧ*, und *Zakat*; und den Befehl des ›In-das-Sein-Tretens‹, welcher der Befehl »Sei!« ist, wie auch Sein Wort, gepriesen sei Er, es sagt:

> *Sprich: Ihr möget Steine sein, oder Eisen, oder irgendein Geschöpf.* (17,50)

Oder auch Sein Wort, möge Er gepriesen sein:

> *Sein Befehl, so Er etwas wünschet,*
> *ist zu sagen: »Sei!« Und es ist.* (36,81)

Und Sein Wort, möge Er gepriesen sein:

> *Der gläubige Ruh brachte ihn (den Koran) herab.* (26,193)

Und Sein Wort, möge Er gepriesen sein:

> *An jenem Tage, da der Ruh und die Engel*
> *in Reihen stehen.* (78,38)

Es heißt, daß dieses Wort auf die Gestalt der Menschen hindeutet und zeigt, daß der *Ruh* ein mächtiger Engel ist und allein einen Rang einnimmt. Wie es Sein Wort, möge Er gepriesen sein, an Adam, der Friede sei mit ihm, sagt:

> *Als Ich ihm Gestalt gegeben und*
> *Meinen Ruh in ihn geatmet habe.* (15,29)

Dies bezieht sich auf die Schöpfung Adams, als der *Ruh* in ihn geblasen wurde. Dies wird der Schöpfung zugeschrieben. Es heißt, daß es sich um eine Bestätigung des Adels des Menschen handele, wie es auch über die Kamelstute und das Haus Gottes gesagt worden ist. So auch Sein Wort, möge Er gepriesen sein:

Wir bliesen etwas von Unserem Ruh in ihn. (21,91)

Es handelt sich um eine Ehrenbezeugung. Es heißt, daß ›Wir bliesen etwas von Unserem *Ruh* in ihn‹ sich auf Jibril bezieht, der Friede sei mit ihm. Auch heißt es, daß der *Ruh* der *Ruh* von 'Isa ibn Maryam (Jesus, der Sohn der Maria) sei, der Friede sei mit ihm, denn er wurde aus dem Atem von Jibril geschaffen. Es heißt, daß dies Barmherzigkeit bedeute. Er, möge Er gepriesen sein, sagte:

Er hat sie mit einem Ruh von Ihm selbst bestätigt. (58,22)

20. Über die Trompete, die Auferstehung und die Versammlung

Wisse, daß Israfil, der Friede sei mit ihm, der Meister des Trompetenblasens ist. Gott erschuf die Wohlverwahrte Formentafel aus weißem Perlmutter, deren Länge siebenmal größer ist als die Entfernung zwischen dem Himmel und der Erde. Sie ist mit dem Throne verbunden. Auf ihr steht ein jedes Wesen bis zum Jüngsten Tag geschrieben.

Israfil hat vier Flügel: einen Flügel im Osten, einen Flügel im Westen, einen, der ihn verschleiert, und einen, mit welchem er seinen Kopf bedeckt. Sein Gesicht ist gelb aus Furcht vor Allah-ta'ala. Sein Kopf ist gesenkt und auf den Thron gerichtet. Eines der Thronbeine befindet sich auf seinem Rükken. Der Thron wird nur durch seine Kraft getragen, denn er ist gelb wie der Sperling aus Furcht vor Allah-ta'ala. Wenn Allah-ta'ala etwas auf der Tafel verordnet, so wird die Bedekkung von seinem Antlitz gehoben, und er betrachtet, was Allah-ta'ala an Erlassen und Befehlen gegeben hat.

Es gibt keinen Engel, welcher dem Throne näher wäre als Israfil, der Friede sei mit ihm. Zwischen ihm und dem Thron liegen sieben Schleier. Die Entfernung zwischen den Schleiern beträgt fünfhundert Jahre. Zwischen den Schleiern Jibrils und Israfils liegen siebzig Schleier.

Die Trompete ist auf seinen rechten Schenkel gestellt, und das Mundstück der Trompete befindet sich an seinem Mund. So erwartet er den Befehl Allah-ta'alas. Wenn dieser kommt, wird er sie blasen. Wenn die Zeit dieser Welt vorbei ist, wird die Trompete vom Gesicht Israfils ausgehen, und Israfil wird seine vier Flügel zusammenfalten und in die Trompete blasen.

Es heißt, daß der Todesengel alsdann eine seiner Schultern unter die siebente Erde, und die andere über den siebenten

Himmel stellen wird. Auf diese Weise wird er die *Arwah* der Himmels- und Erdenbewohner hinwegnehmen. Niemand wird auf der Erde verbleiben, außer *Iblis,* möge Allah ihn verfluchen. Und niemand wird im Himmel verbleiben, außer Jibril, Mika'il, Israfil und Izra'il, der Friede sei mit ihnen. Sie sind jene, welche Allah-ta'ala durch Sein Wort ausgenommen hat:

> *Denn die Trompete wird geblasen werden, und wer immer sich in den Himmeln und auf der Erde befindet, wird das Bewußtsein verlieren, mit Ausnahme derjenigen, die Allah durch Seinen Willen bewahrt.* (39,68)

Von Abu Hurayra, möge Allah zufrieden mit ihm sein, wird überliefert, der Prophet, der Friede sei mit ihm, habe gesagt: »Allah-ta'ala erschuf die Trompete mit vier Armen. Einer davon ist im Westen, einer im Osten, einer unter der niedersten siebenten Erde und einer oberhalb des höchsten siebenten Himmels. In der Trompete befinden sich Tore nach der Zahl der *Arwah.* Siebzig Häuser stehen in ihr. In einem dieser Häuser befinden sich die *Arwah* der Propheten; in einem anderen die *Arwah* der Engel; in einem die *Arwah* der *Jinnen;* in einem anderen die *Arwah* der *Shaiyatin;* und in wieder einem anderen die *Arwah* der Menschen, wilden Tiere und Ameisen – und so weiter bis zum Ende der siebzig. Allah-ta'ala übergab sie Israfil, der Friede sei mit ihm, und der setzte sie an seinen Mund und wartet, daß ihm befohlen werde. Also wird er dreimal blasen. Sein erster Atemstoß ist der Schall des Schreckens, sein zweiter der Auslöschungsschall, sein dritter der Auferstehungsschall.«

*

Hudhayfa fragte den Gesandten Gottes: »O Gesandter Allahs, was wird den Geschöpfen zur Zeit des Trompetenblasens geschehen?«

Er, der Friede sei mit ihm, antwortete: »O Hudhayfa! Von Demjenigen, in dessen Hand ich mich befinde, wird die Trompete geblasen werden, und die Stunde wird gekommen sein, und ein Mensch, der einen Bissen zu seinem Mund gehoben hat, wird ihn nicht essen, und wer Kleider in den Händen hält, um sie anzuziehen, wird sie nicht anziehen, und wer gerade einen Krug zum Munde führt, wird nicht aus ihm trinken.«

21. Über den Auslöschungsschall und den Schall des Schreckens

Die Trompete wird geblasen werden, und ihr Schrecken wird alle Menschen in den Himmeln wie auf der Erde erreichen, außer jene, die Gott bewahret. Die Berge werden schmelzen, und der Himmel wird schwanken, und die Erde wird sich schütteln, wie ein Schiff in den Wellen. Schwangere Frauen werden ihre Lasten fallen lassen, stillende Mütter werden ihre saugenden Kinder vergessen, junge Kinder werden auf der Stelle grauhaarig werden, und die *Shaiyatin* werden verwirrt sein. Die Sterne werden zerstreut werden, und die Sonne wird verfinstert. Auch werden die Himmel über ihnen versetzt werden. Dieses ist Sein Wort, möge Er gepriesen sein:

> *Gewißlich, das Erdbeben dieser Stunde*
> *ist ein gewaltiges Geschehen!* (22,1)

Dieses wird vierzig Tage dauern.

Ibn 'Abbas, möge Allah zufrieden mit ihm sein, berichtet, daß der Prophet, der Friede sei mit ihm, als er Sein Wort, möge Er gepriesen sein, rezitierte,

> *Ihr Menschen, fürchtet euren Herrn!*
> *Gewißlich, das Erdbeben dieser Stunde*
> *ist ein gewaltiges Geschehen!* (22,1)

– daß er fragte: »Wisset ihr, welcher Tag dieses ist?«

Sie antworteten ihm: »Allah und Sein Gesandter wissen es am besten.«

Da sprach er, der Friede sei mit ihm: »Es ist der Tag, an welchem Allah-ta'ala zu Adam sprechen wird: ›Stehe auf und schicke deine Kinder ins Feuer!‹

Adam, der Friede sei mit ihm, wird fragen: ›Welchen Teil von je eintausend?‹

Allah-ta'ala wird ihm antworten: ›Neunhundertneunundneunzig je Tausend ins Feuer und einen in den Garten.‹«

Dies bekümmerte die Menschen, und Weinen und Klage übermannten sie. Da sprach er, der Friede sei mit ihm: »Ich hoffe, daß ihr zu den Menschen des Gartens gehören werdet.« Da freuten sie sich. Alsdann sprach der Prophet, der Friede sei mit ihm: »Ich hoffe, daß ihr die Hälfte der Bewohner des Gartens sein werdet.« Da freuten sie sich. Er sprach, der Friede sei mit ihm: »Ich hoffe, daß ihr zwei Drittel der Bewohner des Gartens sein werdet.« Alsdann sagte er, der Friede sei mit ihm: »Freut euch, denn in der Menschheit seid ihr wie ein schwarzes Haar auf einem weißen Kamel; und doch seid ihr ein Teil von Tausend!«

*

Abu Hurayra, möge Allah zufrieden mit ihm sein, berichtet, der Prophet, der Friede sei mit ihm, habe gesagt: »Allah-ta'ala erschuf einhundert Gnaden und sandte von diesen eine den Menschen, *Jinnen* und Tieren hinab. Durch diese sind sie freundlich zueinander und bezeugen sich gegenseitig ihre Liebe. Neunundneunzig Seiner Gnaden sparte Er auf, durch die Er am Jüngsten Tage Seinen Knechten Seine Gnade erweisen wird. Dann wird Er Israfil, der Friede sei mit ihm, befehlen, den Auslöschungsschall zu blasen. Dieser wird ihn blasen und rufen: ›Ihr nackten *Arwah*! Auf Befehl Allah-ta'alas, tretet hervor!‹ Alsdann werden alle Menschen im Himmel und auf Erden das Bewußtsein verlieren und sterben, außer denjenigen, welche Gott durch Seinen Willen bewahrt. Es heißt, daß diese die Märtyrer sind, denn diese leben mit ihrem Herrn – wie es Allah-ta'ala verhieß:

Erachtet jene, welche auf dem Pfade Gottes getötet wurden, nicht als tot; o nein, sie leben. (3,169)

Es heißt in einer Überlieferung, der Prophet, der Friede sei mit ihm, habe gesagt: »Allah-ta'ala ehrte die Märtyrer mit fünf *Karamat* (Wundern), mit denen er weder mich noch sonst jemanden ehrte. Eines dieser Wunder besteht darin, daß die *Arwah* der Propheten vom Todesengel hinweggenommen werden, und ich bin einer von ihnen, doch die *Arwah* der Märtyrer von Allah-ta'ala selbst. Das zweite Wunder besteht darin, daß die Propheten gewaschen werden, und ich bin einer von ihnen, doch die Märtyrer werden nicht gewaschen. Das dritte Wunder besteht darin, daß die Propheten in Leichentücher gehüllt werden, und ich bin einer von ihnen, doch die Märtyrer bleiben lebendig und werden nicht in Leichentücher gehüllt. Das vierte Wunder besteht darin, daß die Propheten ›tot‹ genannt werden, und ich bin einer von ihnen – es wird heißen, daß Mohammed, der Friede sei mit ihm, gestorben ist –, doch die Märtyrer werden ›lebendig‹ genannt und nicht ›tot‹. Das fünfte Wunder besteht darin, daß die Propheten am Jüngsten Tage Fürsprache einlegen werden, und ich bin einer von ihnen, doch die Märtyrer legen jeden Tag Fürsprache ein, bis zum Jüngsten Tag.«

*

Es heißt, »mit Ausnahme derjenigen, die Allah durch Seinen Willen bewahrt« bedeute, daß zwölf übrig bleiben werden: Jibril, Israfil, Mika'il und Izra'il, der Friede sei mit ihnen, und die acht Träger des Thrones. Dann wird die Welt ohne Menschen, *Jinnen, Shaiyatin* und Tiere verbleiben. Alsdann wird Allah-ta'ala sprechen: »O Todesengel! Ich erschuf dir Helfer gemäß dem Ersten und dem Letzten, und Ich gab dir Macht über die Wesen der Himmel und Erden, und heute kleide Ich dich in das Gewand Meines Zornes. Also komme mit Meinem

Zorn und Meiner Macht über *Iblis,* möge der Fluch auf ihm lasten, und laß ihn über und über den Tod und die Bitternis des Todes des ersten und des letzten der Menschen und *Jinnen* kosten. Laß 70 000 der *Zabaniya** mit dir sein, einen jeden mit einer Flammenkette.« Alsdann wird Er *Malik* anrufen, die Tore zum Feuer zu öffnen.

Alsdann wird der Todesengel in einer solchen Gestalt hinabsteigen, daß, hätten die Wesen der sieben Himmel und sieben Erden ihn erblickt, sie gestorben wären. In dieser Gestalt tritt er zu *Iblis* und treibt ihn mit Gewalt zurück. Alsdann verliert *Iblis* mit einem röchelnden Laut das Bewußtsein. Hätten die Wesen der Himmel und Erden ihn gehört, sie hätten allein durch dieses Röcheln das Bewußtsein verloren. Der Engel des Todes wird rufen: »O Abscheulicher! Heute werde ich dir etwas zu kosten geben! Wie lange hast du gelebt? Wie viele hast du in die Irre geführt?«

Alsdann wird *Iblis* nach Osten fliehen, doch der Engel des Todes wird ihn dort erwarten. Dann wird er nach Westen fliehen, doch der Engel des Todes wird ihn dort erwarten. Wohin er auch flieht, der Todesengel wird dort sein. Alsdann wird *Iblis* in der Mitte der Welt am Grabe Adams stehen, der Friede sei mit ihm, und zu ihm sprechen: »O Adam, deinetwegen wurde ich verflucht, gesteinigt und ausgestoßen!« Und den Engel des Todes wird er ansprechen: »O Todesengel! Aus welchem Glase wirst du mir zu trinken geben? Und unter welcher Bestrafung wirst du meinen *Ruh* hinwegnehmen?«

Der Todesengel wird ihm antworten: »Mit einem Glas voller Flammen und mit dem Feuer.«

Alsdann wird *Iblis* so lange in den Staub fallen, bis er auf jenen Platz fällt, auf welchen er fiel, als er verflucht wurde. Die *Zabaniya* werden ihn mit Haken schlagen und dann hinwegtragen und durchbohren. Er wird so lange in Krämpfen und Todesqualen liegen, wie Allah-ta'ala es will.

22. Über die Auslöschung der Dinge durch den Befehl Allah-ta'alas

Dem Engel des Todes wird befohlen werden, die Ozeane zu vernichten – wie es Allah-ta'ala verheißt:

> *Alles vergehet, außer Seinem Angesicht.* (28,88)

So wird der Engel des Todes zum Ozean kommen und sprechen: »Deine Zeit ist zu Ende gegangen.«

Dieser wird antworten: »Gib mir Zeit, mich selbst zu beklagen.« Alsdann wird er fragen: »Wo sind meine Wogen geblieben? Wo sind meine Wunder geblieben?« Der Befehl Allahs ertönt, der Engel des Todes ruft ein einziges Mal, und seine Wasser werden nicht mehr sein.

Alsdann wird er zu den Bergen kommen und sprechen: »Eure Zeit ist zu Ende gegangen.«

Die Berge werden sagen: »Laß mich mich selbst beklagen.« Dann werden sie sagen: »Wo sind meine Höhen geblieben? Wo sind meine Kräfte geblieben?« Der Befehl Allah-ta'alas ertönt, der Engel des Todes ruft ein einziges Mal, und sie werden dahinschmelzen.

Alsdann wird er zur Erde kommen und sprechen: »Deine Zeit ist zu Ende gegangen.«

Die Erde wird ihn bitten: »Laß mich mich selbst beklagen.« Dann wird sie fragen: »Wo sind meine Königreiche geblieben, meine Bäume und Flüsse und die Vielfalt meiner Pflanzen?« Alsdann wird der Engel des Todes ein einziges Mal den Befehl Allah-ta'alas über sie ausrufen, und ihre Mauern werden fallen, und ihre Quellen werden austrocknen. Dann wird er zu den Himmeln aufsteigen, ein einziges Mal rufen, und die Sonne und der Mond werden verfinstert und die Sterne zerstreut.

Alsdann wird Allah-ta'ala fragen: »O Engel des Todes, wer von Meiner Schöpfung verbleibt?« Dieser wird antworten: »Mein Gott, Du bist der Lebende, der niemals stirbt. Jibril, Mika'il, Israfil, die Träger des Thrones und ich, Dein schwacher Knecht, verbleiben.«

Alsdann wird ihm Allah-ta'ala befehlen: »Nimm ihre *Arwah* hinfort!« Also wird er ihre *Arwah* hinfortnehmen. Alsdann wird Allah-ta'ala befehlen: »O Todesengel! Hörtest du nicht Mein Wort, daß ein jedes Ich den Tod schmecken wird? Du bist eines Meiner Geschöpfe. Also stirb!« Alsdann wird der Todesengel sterben.

*

In einer anderen Überlieferung heißt es, daß Allah dem Todesengel befehlen wird, seinen eigenen *Ruh* hinwegzunehmen. Dann wird dieser an einen Ort zwischen dem Garten und dem Feuer gelangen und seine Augen gen Himmel erheben. Alsdann wird sein *Ruh* um sein Dasein ringen und ein einziges Mal laut schreien. Wären alle Geschöpfe noch lebendig – sie würden an diesem Schrei sterben. Alsdann wird er sprechen: »Hätte ich gewußt, daß eine solche Unerbittlichkeit im Kampfe des *Ruh* liegt, so wäre ich bei der Hinwegnahme der *Arwah* der *Mu'minun* mitleidvoller gewesen!« Alsdann wird er sterben. Danach wird niemand mehr verbleiben.

*

In einer anderen Überlieferung heißt es, daß Allah ihn anreden wird: »Geh und stirb zwischen dem Garten und dem Feuer.« Dort wird er sterben, und nichts anderes als Allah wird verbleiben. Danach wird die Welt in Schutt und Asche liegen. – *Ma sha'llah**.

23. Wann Allah die Geschöpfe versammelt

Wenn Allah die Geschöpfe zu versammeln wünscht, so heißt es in der Überlieferung, wird Er Jibril, Mika'il, Israfil und Izra'il, der Friede sei mit ihnen, wiederbeleben. Der erste von ihnen wird Israfil sein, und er wird die Trompete vom Throne nehmen. Er wird zu *Ridwan* (der Engel, welcher über den Garten wacht) geschickt werden und zu diesem sprechen: »O *Ridwan!* Schmücke den Garten und mache das Ehrengewand für Mohammed bereit, der Friede sei mit ihm und seiner Gemeinde.« Dann wird er *Buraq**, die Krone, das Banner der Lobpreisung und zwei der Gewänder des Gartens bringen. Das erste der Tiere, welche Allah wiederbeleben wird, wird *Buraq* sein. Also wird Allah-ta'ala sprechen: »Kleidet es an!« Alsdann werden sie es mit einem Sattel bekleiden, welcher mit Rubinen besetzt ist, und seine Zügel werden aus grünen Chrysolithen bestehen. Eines seiner Gewänder wird grün sein, das andere gelb.

Allah-ta'ala wird es anreden: »Eile zum Grabe Mohammeds, der Friede sei mit ihm.« Alsdann werden sie dorthin aufbrechen, doch die Erde wird einer Wüste gleichgeworden sein, und sie werden nicht wissen, wo sich sein Grab befindet. Das Licht Mohammeds, der Friede sei mit ihm, wird einen Lichtstrahl aus dem Grab bis zu den Wolken des Himmels emporsenden. Und Jibril, der Friede sei mit ihm, wird sagen: »Rufe du aus, o Israfil! Durch dich wird Allah seine Geschöpfe versammeln!«

Er wird ihm antworten: »O Jibril, rufe du aus! Du warst sein Freund in der Welt.«

Doch dieser wird antworten: »Ich bin beschämt in seiner Gegenwart.«

Alsdann wird Israfil, der Friede sei mit ihm, Mika'il bitten: »Rufe du aus, o Mika'il!«

Dann wird Mika'il rufen: *»As-salamu 'aleykum,* o Mohammed!« Doch dieser wird nicht antworten. Alsdann werden sie den Todesengel bitten: »Rufe du aus!«

Und dieser wird rufen: »O wohlgefälliger *Ruh*! Kehre zu deinem wohlgefälligen Körper zurück!« Doch niemand wird antworten.

Alsdann wird Izra'il rufen: »O wohlgefälliger Ruh! Erhebe dich zur Verkündung des Urteils, zum Gericht und zum Erscheinen vor dem Mitleidvollen!«

Sodann wird sich das Grab öffnen, und er wird in seinem Grabe sitzen und den Staub von seinem Gesicht und seinem Bart schütteln. Jibril, der Friede sei mit ihm, wird ihm zwei Ehrengewänder und *Buraq* übergeben. Er wird fragen: »O Jibril, welcher Tag ist heute?«

Und Jibril wird antworten: »Heute ist der Tag der Auferstehung, der Tag der Angst und der Reue. Heute ist der Tag von *Buraq*. Heute ist der Tag des Abschieds und der Tag der Begegnung!«

Alsdann wird der Prophet, der Friede sei mit ihm, bitten: »O Jibril, unterrichte mich darüber!«

Jibril wird antworten: »Der Garten ist für deine Ankunft geschmückt und das Feuer verschlossen.« Der Prophet, der Friede sei mit ihm, wird ihn fragen: »Danach fragte ich nicht, ich fragte nach den Missetätern meiner Gemeinde. Hast du sie etwa auf der *Sirat* zurückgelassen?«

Israfil wird ihm antworten: »Bei der Macht meines Herrn, o Mohammed, ich blies die Auferstehungstrompete nicht, bevor du auferstandest.«

Alsdann wird ihm Mohammed, der Friede sei mit ihm, erwidern: »Nun ist mein Herz zufrieden, und ich bin glücklich.« Alsdann wird er die Krone und die Ehrengewänder an sich nehmen und sie anlegen und auf *Buraq* davonreiten.

24. Die Beschreibung von Buraq

Buraq besitzt zwei Flügel, mit welchen es zwischen dem Himmel und der Erde einherfliegt. Sein Antlitz gleicht dem Gesicht eines Menschen, seine Sprache gleicht dem reinen Arabisch; seine zwei Augenbrauen sind mit zwei Hörnern besetzt; seine Ohren sind schlank und aus grünem Chrysolith. Seine Augen sind schwarz, und es heißt, sie würden perlmutternen Sternen gleichen. Seine Stirnlocke ist aus Rubin, sein Schwanz gleicht dem Schwanz einer Kuh und ist mit rotem Gold geschmückt. Es heißt, daß es dem Pfau an Schönheit gleiche, über dem Esel stehe und unter dem Maultier. Es wird *Buraq* genannt, weil seine Schnelligkeit und sein Pfad dem Blitz gleichen. Wenn es zum Propheten, der Friede sei mit ihm, gebracht wird, um geritten zu werden, so wird es erregt sein und sprechen: »O Jibril, bei der Macht meines Herrn, niemand wird mich reiten, außer dem haschimitischen Propheten, Mohammed Ibn 'Abdullah, dem Besitzer des Koran.«

Der wird antworten: »Ich bin Mohammed Ibn 'Abdullah.« Sodann reitet er eilends mit ihm zum Garten. Dort wird er sich niederwerfen, und eine Stimme wird sprechen: »Erhebe deinen Kopf, o Mohammed! Heute ist nicht der Tag des *Ruku'* und des *Sujud,* heute ist der Tag des Gerichtes und der Vergeltung. Erhebe deinen Kopf und bitte, und dir wird gegeben werden!«

So wird dieser bitten: »O mein Gott! Was versprachest Du mir für meine Gemeinschaft?«

Er wird ihm antworten: »Ich werde dir geben, was dich zufriedenstellen wird.« Wie es Sein Wort verheißt, möge Er gepriesen sein:

Dein Herr wird dir geben, und du wirst zufrieden sein.

(93,5)

Alsdann wird Allah-ta'ala dem Himmel befehlen zu regnen, und es wird vierzig Tage lang wie Männersperma regnen, bis das Wasser vierzig Faden über alle Dinge reicht. Und durch das Wasser wird die ganze Schöpfung wie Gemüse wachsen, so lange, bis alle ihre Körper wieder vollständig sind, wie sie es in der Welt waren. Dann wird Allah-ta'ala die Erde, auf welcher sie ihre Taten des Ungehorsams taten, verwandeln und ihr etwas von der Hitze *Jahannams* verleihen. So wird Er die Erde in weißes Silber verwandeln und ihr ein wenig vom Wasser des Gartens geben.

*

Von A'isha, möge Allah zufrieden mit ihr sein, heißt es, sie habe gesagt: »O Gesandter Allahs! Wo werden die Menschen an jenem Tage sein, da die Erde in etwas anderes als Erde verwandelt wird?«

Er, der Friede sei mit ihm, antwortete ihr: »O A'isha! Du hast mich über etwas Gewaltiges befragt, worüber mich niemand sonst befragt hat. An jenem Tage werden sich die Menschen auf *Sirat* befinden.«

25. Über das Erschallen der Trompete zur Auferstehung

Alsdann wird Allah-ta'ala rufen: »O Israfil, erhebe dich und blase auf deiner Trompete das Signal zur Auferstehung!« Dann wird er es blasen und ausrufen: »O ihr hinweggegangenen *Arwah*! O ihr zerfallenen Knochen und verrotteten Körper! O ihr zertrennten Sehnen und zerrissenen Häute! O ihr ausgefallenen Haare! Erhebt euch zur Verkündung des Urteils!«

Sodann werden sie sich durch den Befehl Allah-ta'alas erheben. Dieses ist Sein Wort, möge Er gepriesen sein:

Sie werden sich erheben und sehen. (39,68)

... nämlich die Himmel, die sich verschoben haben; eine andere Erde, die sich verwandelt hat; Gruppen von zehn Schwebenden; die wilden Tiere, die versammelt wurden; die Ozeane, die aufgeheizt sind; Seelen, die sich verbunden haben; die *Zabaniya,* die anwesend sind; die Sonne, die verfinstert ist; die aufgestellte Waage; und den Garten, der nahe gerückt wurde. Ein jedes Ich wird wissen, was bevorsteht. Dieses ist Sein Wort, möge Er gepriesen sein:

Sie sagen: Wehe uns!
Wer weckte uns aus unserer Ruhestatt? (36,51)

Dann werden ihnen die *Mu'minun* zur Antwort geben:

Dieses ist es, was der Mitleidvolle versprach;
die Gesandten sprachen die Wahrheit! (36,51)

Alsdann werden sie barfüßig und nackt aus ihren Gräbern hervorsteigen.

*

Der Gesandte Allahs wurde über den Sinn Seines Wortes befragt:

> *Am Tage, da die Trompete geblasen wird und*
> *ihr in Scharen hervorkommt.* (78,18)

Da weinte er, bis die Erde naß von den Tränen seiner Augen war. Alsdann sprach er, der Friede sei mit ihm: »O ihr Fragenden! Ihr befragt mich über eine gewaltige Angelegenheit! Die Menschen meiner Gemeinde werden am Jüngsten Tag in zwölf Abteilungen versammelt sein. Die erste Abteilung wird in der Gestalt von Affen versammelt sein. Es handelt sich hierbei um jene, die andere Menschen verfolgt haben, wie Sein Wort, möge Er gepriesen sein, es verheißt:

> *Verfolgung ist schlimmer als Tötung!* (2,191)

Die zweite Abteilung wird in der Gestalt von Schweinen versammelt sein. Es handelt sich um Menschen mit unrecht erworbenem Besitz. Wie Sein Wort, möge Er gepriesen sein, es verheißt:

> *Jene, welche der Falschheit hörig sind*
> *und Unrechtes verbrauchen.* (5,42)

Die dritte Abteilung wird blind und verwirrt versammelt sein, mit Menschen, die an sie gebunden sind. Es handelt sich um jene, die zu ihrem eigenen Vorteil urteilten, wie Sein Wort, möge Er gepriesen sein, es verheißt:

Wenn du über Menschen ein Urteil sprechen mußt, so urteile mit Gerechtigkeit. Gut ist die Ermahnung, die Allah dir gibt. Allah ist der Sehende, der Hörende. (4,58)

Die vierte Abteilung wird stumm und schweigend versammelt sein. Es handelt sich um jene, die sich ihrer Taten rühmten, wie Sein Wort, möge Er gepriesen sein, es verheißt:

Allah liebt nicht die Stolzen und Prahlenden. (4,36)

Die fünfte Abteilung wird aus Menschen bestehen, aus deren Mündern Eiter quillt, und welche ihre eigenen Zungen kauen. Es handelt sich um die *'Ulama,* deren Worte von ihren Taten verschieden waren, wie Allah-ta'ala es verheißt:

Werdet ihr etwa andere zur Frömmigkeit aufrufen und sie selbst vergessen? (2,44)

Die sechste Abteilung wird aus Menschen bestehen, welche Blasen vom Feuer auf ihren Körpern tragen. Es handelt sich um jene, die mit einem Meineid Zeugnis abgaben. Die siebente Abteilung wird aus Menschen bestehen, deren Füße sich auf ihrer Stirn befinden und an ihren Stirnlocken festgebunden sind. Sie werden die körperlich am weitesten verfaulten sein. Es handelt sich um jene, die sich Lüsten, ihren Vergnügungen und dem *Haram* (Verbotenen) hingaben; wie Er, möge Er gepriesen sein, es verhieß:

Es sind jene, die das kommende Leben für ihr gegenwärtiges verkaufen. (2,86)

Die achte Abteilung wird aus Trunkenbolden bestehen, welche nach links und rechts zu Boden fallen. Es handelt sich um jene, die sich selbst daran hinderten, freizügig auf dem Pfade Gottes zu spenden; wie Allah-ta'ala sprach:

O Mu'minun, spendet von den guten Dingen,
welche ihr erworben habt. (2,267)

Die neunte Abteilung wird in Hosen von Pech gekleidet sein. Es handelt sich um jene, die sich nicht vor dem Neid hüteten; wie Allah-ta'ala gebot:

Bespitzelt euch nicht,
und redet nicht schlecht voneinander. (49,12)

Die zehnte Abteilung wird aus Menschen bestehen, deren Zungen hinten aus ihrem Nacken ragen. Es handelt sich um die Gefährten der Verleumdung. Die elfte Abteilung wird betrunken versammelt sein. Es handelt sich um jene, die in den Moscheen von weltlichen Dingen redeten; wie Allah-ta'ala sprach:

Die Moscheen gehören Allah. (72,18)

Die zwölfte Abteilung wird in der Gestalt von Schweinen versammelt sein. Es handelt sich um jene, die Wucher in Anspruch nahmen; wie Allah-ta'ala sprach:

Verschlinget keinen doppelten oder dreifachen Wucher!
(3,130)

*

In einer anderen Überlieferung von Mu'adh ibn Jabal, möge Allah zufrieden mit ihm sein, sagte der Prophet, der Friede sei mit ihm: »Am Tage der Auferstehung und der Reue wird Allah-ta'ala meine Gemeinde aus ihren Gräbern hervor in zwölf Abteilungen versammeln. Die erste Schar wird aus ihren Gräbern heraus ohne Hände und Füße versammelt werden. Dann wird ein Schrei vor dem Mitleidvollen ertönen:

›Dieses sind jene, die ihren Nachbarn ein Unrecht antaten und ohne Reue starben. Dieses ist ihre Vergeltung, und ihr Aufenthaltsort ist das Feuer.‹ Allah-ta'ala gebot:

Und dem Nachbarn gegenüber, der mit euch verwandt ist,
Und dem Nachbarn gegenüber, der ein Fremder ist,
Und euren Gefährten an eurer Seite gegenüber seid gefällig. (4,36)

Die zweite Schar wird in kriechender Form aus ihren Gräbern versammelt werden. Man wird sie ›Schweine‹ nennen. Ein Ruf wird vor dem Mitleidvollen ertönen: ›Dieses sind jene, die unachtsam im Gebete waren. Sie starben ohne Reue. Dieses ist ihre Vergeltung, und ihr Aufenthaltsort ist das Feuer.‹ Allah-ta'ala sprach:

Wehe also jenen, welche beten, doch nachlässig sind in ihren Gebeten. (107,5)

Die dritte Schar wird mit riesigen Bäuchen, groß wie Berge, aus ihren Gräbern versammelt werden, welche mit Schlangen und Skorpionen von der Größe von Eseln gefüllt sind. Ein Ruf wird vor dem Mitleidvollen ertönen: ›Dieses sind jene, die sich weigerten, *Zakat* zu geben. Sie starben ohne Reue. Dieses ist ihre Vergeltung, und ihr Aufenthaltsort ist das Feuer.‹ Allah-ta'ala sprach:

Jene, welche Gold und Silber als Schätze horten und sie nicht auf dem Pfade Allahs weggeben – Gib ihnen die gute Botschaft einer schmerzvollen Bestrafung am Tage, da sie im Feuer Jahannams brennen werden. (9,34)

Die vierte Schar wird mit aus ihren Mündern fließendem Blut versammelt werden, mit Gedärmen, welche zu Boden fallen, und Feuer, das aus ihren Mündern züngelt. Ein Ruf wird vor dem Mitleidvollen ertönen: ›Dieses sind jene, die beim Kaufen und Verkaufen betrogen. Sie starben ohne Reue. Dieses ist ihre Vergeltung, und ihr Aufenthaltsort ist das Feuer.‹ Allah-ta'ala sprach:

> *Jene, welche Allahs Versprechen und ihre eigenen Schwüre gegen einen geringen Preis verkaufen.* (3,77)

Die fünfte Schar wird aus ihren Gräbern mit einem Geruch versammelt werden, den sie vor den Menschen zu verbergen suchen. Er ist ekelhafter als der eines Leichnams. Ein Ruf wird vor dem Mitleidvollen ertönen: ›Dieses sind jene, die heimliche Taten des Ungehorsams vor den Menschen verbargen und Gott nicht fürchteten. Sie starben ohne Reue. Dieses ist ihre Vergeltung, und ihr Aufenthaltsort ist das Feuer.‹ Allah-ta'ala sprach:

> *Sie verbergen sich vor den Menschen,*
> *doch sie verbergen sich nicht vor Allah.* (4,108)

Die sechste Schar wird aus ihren Gräbern mit vom Nacken her durchschnittenen Kehlen versammelt. Ein Ruf wird vor dem Mitleidvollen ertönen: ›Dieses sind jene, die falsches Zeugnis ablegten und logen. Sie starben ohne Reue. Dieses ist ihre Vergeltung, und ihr Aufenthaltsort ist das Feuer.‹ Allah-ta'ala sprach:

> *Jene, welche nicht falsches Zeugnis ablegen.* (25,72)

Die siebente Schar wird ohne Zungen versammelt werden, und Blut und Eiter wird aus ihren Mündern fließen. Ein Ruf wird vor dem Mitleidvollen ertönen: ›Dieses sind jene, die die Bezeugung der Wahrheit verhinderten. Sie starben ohne

Reue. Dieses ist ihre Vergeltung, und ihr Aufenthaltsort ist das Feuer.‹ Allah-ta'ala gebot:

Verbergt die Offenbarungen nicht!
Wer sie verbirgt, dessen Herz handelt in falscher Weise.
(2,283)

Die achte Schar wird aus ihren Gräbern mit gebeugten Häuptern und mit ihren Füßen über ihren Köpfen versammelt werden. Ströme von Eiter und Fäulnis werden aus ihren Öffnungen fließen. Ein Ruf wird vor dem Mitleidvollen ertönen: ›Dieses sind jene, die Unzucht trieben. Sie starben ohne Reue. Dieses ist ihre Vergeltung, und ihr Aufenthaltsort ist das Feuer.‹ Allah-ta'ala sprach:

Und nähert euch nicht der Unzucht; wahrlich, sie ist ein Übel. (17,32)

Die neunte Schar wird aus ihren Gräbern mit schwarzen Gesichtern und grünen Augen versammelt werden. Ihre Leiber werden voller Feuer sein. Ein Ruf wird vor dem Mitleidvollen ertönen: ›Dieses sind jene, die die Besitztümer der Waisen auf ungerechte Weise verbrauchten. Sie starben ohne Reue. Dieses ist ihre Vergeltung, und ihr Aufenthaltsort ist das Feuer.‹ Allah-ta'ala sprach:

Jene, welche den Besitz der Waisen auf ungerechte Weise verschlingen, verschlingen Feuer in ihre Leiber. (4,10)

Die zehnte Schar wird aus ihren Gräbern mit Aussatz versammelt werden. Ein Ruf wird vor dem Mitleidvollen ertönen: ›Dieses sind jene, die gegen ihre Eltern ungehorsam waren. Sie starben ohne Reue. Dieses ist ihre Vergeltung, und ihr Aufenthaltsort ist das Feuer.‹ Allah-ta'ala gebot:

Dienet Allah, und vergleichet niemanden mit ihm. Seid freundlich zu euren Eltern. (4,36)

Die elfte Schar wird blind aus ihren Gräbern versammelt werden, mit Zähnen, die den Hörnern von Bullen gleichen, und Augenlidern, welche auf ihren Bäuchen festhängen, und Zungen auf ihren Bäuchen, und Bäuchen auf den Schenkeln, und Schmutz, welcher aus ihren Bäuchen quillt. Ein Ruf wird vor dem Mitleidvollen ertönen: ›Dieses sind jene, die Wein tranken. Sie starben ohne Reue. Dieses ist ihre Vergeltung, und ihr Aufenthaltsort ist das Feuer.‹ Allah-ta'ala sprach:

Wein und Glücksspiel, Götzenbilder und Lospfeile sind ein Greuel. Sie gehören zu den Werken Satans. (5,90)

Die zwölfte Schar wird mit Gesichtern, die dem Vollmond gleichen, aus ihren Gräbern versammelt werden. Diese werden *Sirat* schnell wie ein Blitz überschreiten. Ein Ruf wird vor dem Mitleidvollen ertönen: ›Dieses sind jene, die gerechte Taten übten, die sich der Taten des Ungehorsams enthielten und die fünf Gebete in der Gemeinschaft aufrechterhielten. Sie starben voller Reue. Dieses ist ihre Vergeltung, und ihr Aufenthaltsort ist der Garten, der Ort der Vergebung, der Freude, der Gnade und Seligkeit. Weil sie zufrieden waren mit Allah und Allah-ta'ala zufrieden war mit ihnen.‹ Allah-ta'ala sprach:

Jene, die sprachen: ›Unser Herr ist Allah!‹, und alsdann auf dem geraden Pfade gingen, auf sie steigen die Engel hernieder und reden sie an: ›Fürchtet euch nicht, noch habet Sorgen. Erfreuet euch im Garten, der euch versprochen ward.‹« (41,30)

26. Über die Auferstehung der Geschöpfe aus ihren Gräbern

Es heißt, daß die Geschöpfe, nachdem sie aus ihren Gräbern hervorgebracht worden sind, vierzig Jahre lang auf jener Stelle stehen werden, an der sie auferstanden sind, und während dieser Zeit weder essen noch trinken, weder sitzen noch sprechen. Man fragte den Gesandten Allahs, der Friede sei mit ihm: »O Gesandter Allahs, woran werden die *Mu'minun* am Jüngsten Tage erkannt werden?«

Er, der Friede sei mit ihm, antwortete: »Meine Gemeinde wird glorreich und strahlend sein von den Spuren ihres *Wudu**.«

*

In einer anderen Überlieferung heißt es: »Wenn der Tag der Auferstehung kommt, wird Allah die Geschöpfe aus ihren Gräbern erheben; alsdann werden die Engel vor die Gräber der *Mu'minun* treten und die Erde von ihnen abstauben, außer an den Stellen ihrer Niederwerfung. Jene Spuren werden sie nicht verlieren. Ein Ruf wird vor dem Mitleidvollen ertönen: ›Jener Staub ist nicht der Staub ihrer Gräber; jener Staub ist der Staub ihrer *Mihrabs* (Nischen, welche die Gebetsrichtung anzeigen). Laßt diesen Staub auf ihnen, so lange bis sie *Sirat* überschreiten und in den Garten eintreten, so daß ein jeder, der sie ansieht, wissen wird, daß sie Meine Diener und Meine Knechte sind.‹«

*

Von Jabir ibn 'Abdullah, möge Allah zufrieden mit ihm sein, wird überliefert, der Prophet, der Friede sei mit ihm, habe gesagt: »Wenn der Tag der Auferstehung kommt und die

Menschen in ihren Gräbern wiederbelebt werden, wird Allahta'ala dem *Ridwan* das Folgende offenbaren: ›O *Ridwan*! Ich habe die Fastenden hungrig und durstig aus ihren Gräbern hervorgebracht. Also empfange du sie mit gebackenem Fleisch und den Früchten des Gartens!‹

Alsdann wird *Ridwan* ausrufen: ›O ihr Jugendlichen und Kinder, die ihr die Geschlechtsreife nicht erreichtet!‹ Alsdann werden diese Teller aus Licht bringen und die Früchte des Paradieses auf ihnen versammeln, schmackhafte Speisen und köstliche Getränke, zahlreicher als die Anzahl der Regentropfen, die Gestirne des Himmels und die Blätter der Bäume. Wenn ihnen *Ridwan* begegnet, wird er ihnen davon zu essen geben und sprechen: ›Esset und trinket! Auf euer Wohl! Auf das, was ihr in vergangenen Tagen erreichtet!‹«

*

Von Ibn 'Abbas, möge Allah zufrieden mit ihm sein, wird überliefert, der Prophet, der Friede sei mit ihm, habe gesagt: »Es gibt derer drei, welche die Engel an jenem Tage grüßen werden, da sie aus ihren Gräbern hervorkommen: die Märtyrer; jene, die während des Monats *Ramadan* fasteten; und jene, die am Tage des *'Arafat* fasteten.«

*

Von A'isha, möge Allah zufrieden mit ihr sein, heißt es, sie habe gesagt:

Der Prophet, der Friede sei mit ihm, sagte: »O A'isha! Dort, im Paradiese, stehen Schlösser aus Perlmutter, Rubin, Chrysolith, Gold und Silber.«

Da fragte ich ihn: »O Gesandter Allahs! Für wen sind jene Schlösser gedacht?«

Er, der Friede sei mit ihm, antwortete mir: »Für alle, die am Tage des *'Arafat* fasten.« Dann sprach er, der Friede sei mit ihm: »O A'isha! Vor Allah sind die am innigsten geliebten Tage der Freitag und der Tag des *'Arafat* – für das, was diesen an Gnade zukommt. Doch vor *Iblis* sind der Freitag und der Tag des *'Arafat* die hassenswertesten Tage. O A'isha! Allahta'ala öffnet dreißig Tore des Guten für denjenigen, der am Tage des *'Arafat* mit dem Fasten beginnt, und er schließt dreißig Tore des Bösen für ihn. Wenn dieser sein Fasten bricht und Wasser trinkt, dann bittet jede Ader seines Körpers um Vergebung für ihn mit den Worten: ›O Allah, zeige ihm Barmherzigkeit bis zum Sonnenaufgang!‹«

*

In einer anderen Überlieferung heißt es, daß die Fastenden aus ihren Gräbern hervorkommen und wegen des Fastens am Duft ihrer Münder erkannt werden. Sie werden Tische und Krüge vorfinden. Man wird sie anreden: »Esset, denn ihr wart hungrig, als die Menschen gesättigt waren. Trinket, denn ihr wart durstig, als der Durst der Menschen gestillt war. Ruhet euch aus!« Also werden sie essen und trinken und sich ausruhen, während die Menschen vor dem Gericht stehen.

*

In einer anderen Überlieferung heißt es, daß zehn nicht heimgesucht würden: der Prophet; der *Ghazi**; der Gelehrte; der Märtyrer; derjenige, der den Koran kennt; der gerechte *Imam**; der *Mu'ezzin*; die Frau, die während ihrer Kindsgeburt stirbt; derjenige, der ungerechterweise getötet worden ist; und derjenige, der freitags oder in der Freitagnacht stirbt.

*

Es heißt in der Überlieferung, der Prophet, der Friede sei mit ihm, habe gesagt: »Die Menschen werden am Jüngsten Tage so versammelt werden, wie ihre Mütter sie gebaren, barfüßig und nackt.«

A'isha, möge Allah mit ihr zufrieden sein, fragte ihn: »Männer und Frauen zusammen?«

Er, der Friede sei mit ihm, antwortete ihr: »Ja.«

Alsdann fragte sie ihn: »O Schande, daß sie sich gegenseitig betrachten werden!«

Da schlug der Prophet, der Friede sei mit ihm, ihr mit der Hand auf die Schulter und sprach: »O Tochter des Abu Quhafas! An jenem Tage werden die Menschen ihre Augen allein auf den Himmel gerichtet halten, während sie vierzig Jahre lang ohne Essen und Trinken verharren. Ein jeder wird aus Scham vor Allah-ta'ala in Schweiß ausbrechen, und der Schweiß von einigen wird ihre Füße erreichen, von anderen ihre Schenkel, von anderen ihre Leiber, von anderen ihre Brust und von wieder anderen ihre Gesichter. Ihr Schweiß wird im Verhältnis zu ihren schlechten Taten von ihnen fließen.«

Da fragte sie ihn: »O Gesandter Allahs! Wird am Jüngsten Tage irgendjemand in Kleidern versammelt werden?«

Da antwortete er ihr, der Friede sei mit ihm: »Die Propheten mit ihren Familien und jene, die während des *Rajab*,* des *Sha'ban** und des *Ramadan* nacheinander fasteten, denn sie werden gesättigt sein und ohne Hunger oder Durst.«

*

Es heißt, daß alle zum Platz der Versammlung in die *Bayt al-Muqaddas* geführt werden werden, in ein Land, welches *Sahira* genannt wird, wie es Allah-ta'ala verhieß:

> *Es wird jedoch nur ein einziges Erschrecken sein.*
> *Und siehe, sie sind erwachet (bis-sahira)*
> *(und siehe, sie befinden sich in Sahira).* (79,14)

Es heißt, daß die Geschöpfe in einhundertundzwanzig Abteilungen in den Höfen der Auferstehung versammelt sein werden. Eine jede dieser Abteilungen wird eine Länge von vierzig Jahren besitzen und eine Breite von zwanzig Jahren. Es heißt, daß drei Abteilungen aus *Mu'minun* bestehen werden und der Rest aus *Kafirun.*

*

Vom Gesandten Allahs, der Friede sei mit ihm, wird berichtet, er habe gesagt: »Meine Gemeinde wird einhundertundzwanzig Abteilungen ausmachen.« Hierbei handelt es sich um eine besser belegte Überlieferung, in welcher die *Mu'minun* als weißgesichtig, die *Kafirun* als schwarzgesichtig und mit den *Shaiyatin* verbunden beschrieben werden.

27. Über das Vorantreiben der Geschöpfe zum Platz der Versammlung

Es heißt, daß die *Kafirun* zu Fuß zum Platz der Versammlung getrieben werden und die *Mu'minun* auf ihren Kamelen und Pferden; wie Allah-ta'ala es verhieß:

> *Am Tage, da Wir die Gottesfürchtigen vor dem Barmherzigen mit Gepränge versammeln werden, wohingegen Wir die Übeltäter in Herden ins Jahannam treiben werden.* (19,86)

'Ali, möge Allah sein Antlitz veredeln, sagte: »Am Jüngsten Tag werden die *Mu'minun* auf ihren Kamelstuten reitend versammelt werden. Am Jüngsten Tage wird Allah-ta'ala zu den Engeln sprechen: ›O Meine Engel, treibt Meine Knechte nicht zu Fuß, laßt sie vielmehr auf ihren Kamelen reiten. In der Welt waren sie daran gewöhnt zu reiten. Anfangs waren die väterlichen Lenden ihre Reittiere. Später war der Bauch ihrer Mutter neun Monate lang ihr Reittier. Als ihre Mütter sie geboren hatten, war, solange sie gestillt wurden, der Schoß ihrer Mutter zwei Jahre lang ihr Reittier; danach waren die Schultern ihres Vaters ihr Reittier. Pferde, Maulesel und Esel waren danach ihre Reittiere auf dem Land, Schiffe waren ihre Reittiere auf der See. Als sie starben, waren die Schultern ihrer Brüder ihre Reittiere.‹

Wenn sie nun auferstehen von ihren Gräbern, dann werden sie nicht zu Fuß gehen, da sie ans Reiten gewöhnt waren und nicht zu Fuß gehen können. Also werden sie von edlen Kamelstuten getragen werden; es sind die Tiere, die geopfert worden sind. Also werden sie diese reiten, um zu ihrem Meister zu gelangen, möge Er verherrlicht und gepriesen sein.«

Aus diesem Grunde sagte der Prophet, der Friede sei mit ihm: »Verherrlichet eure Opfergaben, denn sie werden die Reittiere sein, die ihr am Jüngsten Tage reiten werdet.«

28. Über den Tag der Auferstehung

In einer Überlieferung heißt es, Allah-ta'ala werde am Jüngsten Tage den Ersten und den Letzten auf einer gemeinsamen Ebene versammeln. Die Sonne wird ihren Köpfen nahe sein, und ihre Hitze wird mächtig auf ihnen lasten. Dann wird ein Teil der Hölle zum Vorschein kommen und sich strecken wie ein Hals in einem langen Schatten. Alsdann wird ein Ruf ertönen: »O Gemeinschaft der Geschöpfe! Eilet in den Schatten!« Also werden sie eilen, und es wird ihrer drei Scharen geben: die Schar der *Mu'minun,* die Schar der Heuchler und die Schar der *Kafirun.* Wenn die Geschöpfe zum Schatten eilen, wird dieser in drei Teile zerbrechen: einer gegen die Hitze, einer gegen das Licht und einer gegen den Rauch. Aus diesem Grunde sprach Allah-ta'ala:

> *Eilet euch zum dreifach-geballten Schatten.* (77,30)

Die Hitze wird auf die Köpfe der Heuchler strahlen, da diese in dieser Welt sich allzu sehr vor der Hitze hüteten; wie Er, möge Er gepriesen sein, sagte:

> *Sie sprachen: »Ziehet doch nicht aus in der Hitze!«*
> *Sprich: »Jahannams Feuer ist heißer noch!*
> *Hätten sie es doch verstanden!«* (9,81)

Über den Köpfen der *Kafirun* wird Rauch liegen, denn sie standen in dieser Welt im Licht, in der kommenden jedoch werden sie in der Dunkelheit sein; wie Er es verhieß, möge Er gepriesen sein:

Sie bringen sie vom Licht in die Finsternis. (2,257)

Licht wird auf den Häuptern der *Mu'minun* liegen, denn diese befanden sich in dieser Welt in der Dunkelheit, in der kommenden jedoch werden sie im Lichte sein; wie es Allah-ta'ala verhieß:

Allah ist der Beschützer der Mu'minun –
Er führt sie aus den Finsternissen zum Licht. (2,257)

Allah-ta'ala beschrieb ihre Erscheinung am Auferstehungstage:

Gedenket des Tages, da ihr die Mu'minun, Männer wie Frauen, sehen werdet, wie das Licht vor ihnen und zu ihrer Rechten hervorbrechen wird. »Frohe Botschaft sei euch heute! Gärten, darinnen Ströme fließen!« (57,12)

Er, der Friede sei mit ihm, sagte: »Dort befinden sich jene, welchen Allah an jenem Tage, da es keine Schatten geben wird, den Schatten Seines Thrones gewähren wird: der gerechte *Imam;* der Jüngling, der in der Verehrung *('Ibida)* Allah-ta'alas erzogen wurde; der Mann, den eine schöne Frau gesetzeswidrigerweise aufsuchte, doch der ihr die Antwort gab: ›Ich fürchte Allah-ta'ala, den Herrn der Welten‹; der Mann, der für sich allein den *Dhikr'ullah* übte, und dessen Augen mit Tränen aus Furcht vor Allah-ta'ala gefüllt waren; der Mann, der mit seiner rechten Hand *Sadaqa* gab und diese vor seiner linken verbarg; und der Mann, dessen Herz an Moscheen hing.«

*

Er, der Friede sei mit ihm, sagte: »Wenn Allah-ta'ala die Geschöpfe versammelt, wird eine Stimme ausrufen: ›Wo sind die großzügigen Menschen?‹ Also werden sich einige Menschen erheben und zum Garten eilen. Dann werden ihnen Engel begegnen und sie anreden: ›Wir sehen euch zum Garten eilen. Wer seid ihr?‹

Sie werden antworten: ›Die Großzügigen.‹

Die Engel werden sie fragen: ›Welcher Art ist eure Großzügigkeit?‹

Sie werden antworten: ›Als man uns Böses antat, waren wir geduldig. Als man uns gemein behandelte, vergaben wir.‹

So werden die Engel sie anreden: ›Kehret ein in den Garten. Er ist die beste der Belohnungen der Welten!‹

Dann wird eine Stimme ausrufen: ›Wo sind die geduldigen Menschen?‹ Also werden einige Menschen zum Garten eilen. Die Engel werden ihnen begegnen und sie fragen: ›Wir sehen euch zum Garten eilen. Wer seid ihr?‹

Sie werden antworten: ›Wir sind die geduldigen Menschen.‹

Also werden die Engel sie fragen: ›Welcher Art war eure Geduld?‹

Sie werden ihnen antworten: ›Wir waren geduldig im Gehorsam gegenüber Allah-ta'ala und enthielten uns geduldig des Ungehorsams Ihm gegenüber.‹

Die Engel werden sie anreden: ›Kehret ein in den Garten.‹

Dann wird eine Stimme ausrufen: ›Wo sind jene, welche sich in Gott liebten?‹ Also werden einige Menschen zum Garten eilen. Die Engel werden ihnen begegnen und sie fragen: ›Wir sehen euch zum Garten eilen. Wer seid ihr?‹

Sie werden ihnen antworten: ›Wir liebten uns in Gott und gingen einen Bund ein in Gott.‹

Da werden die Engel sie anreden: ›Kehret ein in den Garten.‹«

Der Prophet, der Friede sei mit ihm, sagte: »Die Waage wird aufgestellt werden, nachdem diese Menschen in den Garten eingekehrt sind.«

*

Was das Banner der Lobpreisung betrifft, so befindet es sich über den Himmeln. Der Gesandte Allahs wurde über das Banner der Lobpreisung befragt, über dessen Länge wie über dessen Breite. Da sprach er, der Friede sei mit ihm: »Seine Länge beträgt eintausend Jahre, und auf ihm stehen die Worte *Lâ ilâha illâ 'Llâh, Muhammadûn Rasulullâh* geschrieben. Seine Breite entspricht dem Zwischenraum zwischen den Himmeln und der Erde. Seine Spitzen sind aus rotem Rubin. Sein Stab aus weißem Silber und grünem Chrysolith. Es weist drei Lichtschnüre auf, deren eine sich im Osten, deren zweite sich im Westen und deren dritte sich in der Mitte befindet. Auf ihnen stehen drei Zeilen geschrieben: *Bismillahi'r-Rahmani'r-Rahim* (Im Namen Gottes, des Gnädigen, des Allbarmherzigen); *Al-Hamdu lillâhi Rabbi'l-alamîn* (Preis sei Dir, dem Herrn der Welten); und *Lâ ilâha illâ 'Llâh, Muhammadûn Rasulullâh* (Es gibt keinen Gott außer Gott, Mohammed ist der Gesandte Gottes). Die Länge jeder der Schnüre beträgt eintausend Jahre. Dem Banner zugehörig sind siebzigtausend Abteilungen von Engeln. Jede Abteilung besteht aus fünfhunderttausend Engeln, die Allah rühmen und preisen.«

*

Al-Jurjani sagte: »Die Bedeutung seiner Aussage, der Friede sei mit ihm, ›Das Banner der Lobpreisung ist in meiner Hand‹, liegt darin, daß am Tage der Auferstehung das Banner der Lobpreisung fest in der Hand des Propheten, der Friede sei mit ihm, sein wird. Die *Mu'minun* von der Zeit Adams, der Friede sei mit ihm, bis zum Jüngsten Tag werden unter seinem Banner stehen. Die *Kafirun* werden so lange vor dem Feuer in Sicherheit sein, wie sich das Banner bewegt. Doch in dem Augenblick, da das Banner umringt ist, werden die *Kafirun* ins Feuer getrieben.«

*

Wenn der Tag der Auferstehung naht, so heißt es in einer Überlieferung, wird das Banner von *Sidq** von Abu Bakr erhoben werden, möge Allah zufrieden mit ihm sein. Jeder aufrechte Mensch wird unter seinem Banner stehen. Das Banner der *Fuqaha'** wird Mu'adh ibn Jabal gebühren, möge Allah zufrieden mit ihm sein. Jeder *Faqih* wird unter seinem Banner stehen. Das Banner der Entsagung wird Abu Dharr gebühren, möge Allah zufrieden mit ihm sein. Alle *Zahid** werden unter seinem Banner stehen. Das Banner der Großzügigkeit wird 'Othman gebühren, möge Allah zufrieden mit ihm sein. Alle Großzügigen werden unter diesem Banner stehen. Das Banner der Märtyrer wird 'Ali gebühren, möge Allah zufrieden mit ihm sein. Alle Märtyrer werden unter seinem Banner stehen. Das Banner des Koranlesens wird Ubaiy ibn Ka'b gebühren, möge Allah zufrieden mit ihm sein. Alle Koranleser werden unter seinem Banner stehen. Das Banner der *Mu'ezzin* wird Bilal gebühren, möge Allah zufrieden mit ihm sein. Alle *Mu'ezzin* werden unter seinem Banner stehen. Das Banner jener, welche ungerechterweise getötet worden sind, wird Hussein gebühren, möge Allah zufrieden mit ihm sein. Und ein jeder, der ungerechterweise getötet worden ist, wird unter seinem Banner stehen. Aus diesem Grunde verhieß Er, möge Er gepriesen sein:

> *An jenem Tage werden Wir die Menschen*
> *mit ihren Imamen rufen.* (17,71)

*

In einer Überlieferung heißt es: »Wenn der Tag der Auferstehung kommt, werden die Geschöpfe aufstehen und sehr durstig sein. Ihr Schweiß wird sie zum Schweigen bringen. Dann wird Allah-ta'ala Jibril zu mir, Mohammed, senden, und der wird sprechen: ›O Mohammed! Sage deiner Gemeinde, sie solle Mich mit jenem Namen anrufen, mit welchem du Mich in Notzeiten anriefest.‹«

Alsdann wird er diesen Namen für seine Gemeinde ausrufen. Sie werden ausrufen: ›*Bismillahi'r-Rahmani'r-Rahim*‹. Dann wird Allah-ta'ala das Urteil unter den Geschöpfen verkünden.

Alsdann wird Er eine jede der Gemeinden anreden: »Hätten sie Mich nicht mit jenem Namen angerufen, Ich hätte Mein Urteil über euch eintausend weitere Jahre ausgedehnt.« Alsdann wird Allah-ta'ala das Urteil über die wilden Tiere sowie die Haustiere sprechen, nachdem er die stummen Hörnertiere abgeurteilt hat. Er wird zu den wilden Tieren und den Haustieren sprechen: »Seid Staub!« Da werden die *Kafirun* klagen: »O wenn wir doch nur zu Staub würden!«

*

Muqtal sagte: »Zehn Tiere werden in den Garten einkehren: die Kamelstute des Salim, das Kalb des Ibrahim (Abraham), der Schafbock des Isma'il (Ismael), die Kuh des Musa (Moses), der Fisch des Yunus (Jonas), der Esel des 'Uzayr, die Ameise des Suleyman (Salomo), der Wiedehopf der Bilqis (Königin von Saba), die Kamelstute Mohammeds, der Friede sei mit ihm, und der Hund der Jünglinge der Höhle. Allah-ta'ala wird diesem die Gestalt eines Schafbockes geben und ihn in den Garten einkehren lassen; alles Hündische wird aus ihm verschwunden sein, und man wird ihn *Tiwarim** nennen. Er wird auch *Qitmir** oder *Huban** genannt. Seine Farbe ist gelb.«

*

Es heißt, daß Er am Auferstehungstage einen der *'Ulama* der Gemeinde Mohammeds hervorbringen wird, welcher alsdnn vor Allah-ta'ala stehen wird. Allah-ta'ala wird sprechen: »O Jibril! Nimm ihn bei der Hand und eile mit ihm zu seinem Propheten Mohammed!« Also werden sie ihn zum Propheten bringen, der Friede sei mit ihm, während dieser am Rande eines Wasserbeckens steht, um den Menschen aus Krügen Wasser zu reichen. Der Prophet, der Friede sei mit ihm, wird den *'Ulama* Wasser aus seiner eigenen Hand zu trinken geben.

Die Leute werden fragen: »O Gesandter Allahs! Reichst du den Menschen Wasser aus Krügen, doch den *'Ulama* Wasser aus deiner eigenen Hand?«

Er wird ihnen antworten: »Ja. Denn die Menschen beschäftigten sich in der Welt mit dem Handel, die *'Ulama* hingegen mit dem Wissen!«

*

Der *Faqih,* möge Allah zufrieden mit ihm sein, sagte: »Die beste der Taten sind die Liebe zur *Awliya** Allah-ta'alas und die Gegnerschaft gegen die Feinde Allahs.«

*

Dazu wird von Musa (Moses), der Friede sei mit ihm, überliefert, sein Herr habe ihn angesprochen und gefragt: »Hast du irgendeine Tat für Mich getan?«

Da antwortete er Ihm: »Mein Gott, ich habe gebetet für Dich, und ich habe gefastet und *Sadaqa* Deinetwillen gegeben. Ich habe Dich gerühmt und gepriesen. Dein Buch habe ich rezitiert und den *Dhikr* geübt für Dich.«

Da sprach Allah-ta'ala: »O Musa! Was das Gebet angeht, so ist es ein Beweis für dich. Was das Fasten angeht, so ist es ein Garten für dich. Was *Sadaqa* angeht, so ist dieses ein Schatten für dich. Was den *Tasbih** angeht, so ist dieser die Bäume im Garten. Was die Rezitationen Meines Buches angeht, so sind dies Schlösser des Gartens und seine *Huris** für dich. Was deinen *Dhikr* angeht, so ist dieser Licht für dich. Also ist alles von dem, was du sagtest, für dich, o Musa! Doch welche Tat hast du für Mich allein getan?«

Da antwortete Ihm Musa: »Mein Gott, leite Du mich zu einer Tat, die allein für Dich ist!«

Da sprach Er: »O Musa! Warst du jemandem ein Freund, der Mir ein Freund ist, und warst du jemandem ein Feind, der Mir ein Feind ist?«

Da erkannte Musa, der Friede sei mit ihm, daß die beste der Taten Liebe um Allahs willen ist und Haß um Allahs willen.

*

Alsdann wird Allah-ta'ala über die Geschöpfe urteilen. Wenn sie vor Allah stehen, wird es heißen: »Wo sind jene, denen Unrecht getan wurde?«

Also wird ein Mann vortreten und den Übeltätern einige ihrer guten Taten abnehmen, und sie werden an den fallen, dem Unrecht angetan wurde, an jenem Tag, da nichts mehr mit *Dinar* oder *Dirham* zu bezahlen ist. Er wird die volle Belohnung für seine guten Taten erhalten, bis ihm keine mehr übrigbleibt. Dann wird man die schlechten Taten des Menschen nehmen, dem Unrecht geschehen ist, und sie ihm zurückgeben. Wenn seine guten Taten aufgebraucht sind, wird es heißen: »Kehre zu deiner Mutter zurück, der feurigen Grube *Hawiya**!« An jenem Tage wird es keine Ungerechtigkeit geben.

Das Gericht Allahs kommet rasch, (25,45)

... das heißt, die Vergeltung kommet rasch.

*

Hierzu gibt es eine Überlieferung, in welcher es heißt, daß Allah-ta'ala dem Musa, der Friede sei mit ihm, eingab: »Sprich zu deinem Volke: ›Wenn ihr mit einer einzigen Eigenschaft handelt, wird euch Allah einkehren lassen in den Garten.‹«

Da fragte Musa, der Friede sei mit ihm: »Welcher Art ist diese?«

Allah-ta'ala entgegnete ihm: »Daß sie ihren Gegnern angenehm seien.«

Alsdann fragte ihn Musa: »Mein Gott, was ist, wenn diese gestorben sind?«

Er, möge Er gepriesen sein, sprach daraufhin: »O Musa! Ich bin der Lebendige und sterbe nie! Sage ihnen, sie sollen Mir angenehm sein!«

Da fragte er Ihn: »Wie können sie Dir angenehm sein?«

Er, möge Er gepriesen sein, antwortete ihm: »Durch vier Dinge: Reue im Herzen, Bitten um Vergebung mit der Zunge, Tränen in den Augen und Dienst mit den Gliedern.«

Der Erzengel Gabriel zeigt dem Propheten Mohammed während seiner visionären Nachtreise eines der Tore zum Höllenfeuer (Jahannam), das von Malik, dem »Engel des Feuers«, bewacht wird.

Der Erzengel Gabriel zeigt dem Propheten Mohammed während der Nachtreise den Paradiesgarten, der von den immer wieder in den Stand der Jungfräulichkeit zurückkehrenden Huris bevölkert ist und in dem köstliche Früchte und andere Speisen sowie Flüsse von Milch, Honig und Wein den gläubigen Muslim erwarten. (»Miraj Nameh«, Iran, 15. Jh.)

Darstellung der Jinnen (Geister), die nach der Lehre des Koran »nicht unwirklich« sind und an die zu glauben der Muslim deshalb verpflichtet ist. (Aus einem illuminierten Manuskript des »Shah Nameh« von Firdausi, Iran, 17. Jh.)

سورة فاتحة الكتاب
بسم الله الرحمن الرحيم
الحمد لله رب العالمين الرحمن
الرحيم مالك يوم الدين اياك نعبد
واياك نستعين اهدنا الصراط
المستقيم صراط الذين انعمت
عليهم غير المغضوب عليهم ولا الضالين
مكية وهي سبع آيات

Eine Seite aus einem illuminierten Manuskript des Koran. (Iran, 16. Jh.)

29. Über das Nahebringen des Gartens

Allah-ta'ala verhieß:

> *Der Garten wird nahegebracht werden für jene, welche Gott fürchten; und Jahim wird herangerückt werden für die Verderbten.* (26,90/91)

Wenn der Tag der Auferstehung kommt, so heißt es in der Überlieferung, wird Allah-ta'ala sprechen: »O Jibril! Bringe den Garten jenen nahe, welche Allah fürchten, und nähere den Verderbten *Jahim* an!« Alsdann wird der Garten zur Rechten des Thrones erscheinen und *Jahim* zur Linken des Thrones. Und *Sirat* wird sich über das Feuer erstrecken. Und die Waage wird aufgestellt werden. Allah-ta'ala wird sprechen: »Wo ist Mein aufrechter Freund *(Safi)*, Adam? Und wo ist Mein Freund *(Khalil)*, Ibrahim? Und wo ist der, zu dem Ich sprach *(Kalim)*, Musa? Wo ist Mein Geist *(Ruh)*, 'Isa (Jesus)? Wo ist Mein Geliebter *(Habib)*, Mohammed? Stellet euch auf die rechte Seite der Waage!«

Dann wird Allah-ta'ala sprechen: »O *Ridwan*! Öffne die Tore des Gartens! O *Malik*! Öffne die Tore des Feuers!«

Alsdann werden die Gnadenengel die Ehrengewänder herbeitragen und die Strafengel ihre Ketten und Eisen und Kleider aus Pech. Ein Ruf wird zu hören sein: »O ihr Geschöpfe! Sehet die Waage! Die Taten des So-und-So werden gewägt!«

Alsdann wird der Ruf ertönen: »O ihr Bewohner des Gartens! Auf ewig darinnen ohne Tod! O ihr Bewohner des Feuers! Auf ewig darinnen ohne Tod!«

Aus diesem Grunde sprach Er, möge Er gepriesen sein:

> *Warne sie vor dem Tage der Angst,*
> *an dem die Dinge entschieden werden.* (19,93)

30. Über das erschreckende Ausmaß der Stunde

In der Überlieferung heißt es, die schrecklichste Stunde, die dem Knecht während des Abschiedes seines *Ruh* aus dieser Welt auferlegt wird, sei die, da seine Augen trüb werden und seine Nasenlöcher sich weiten, da sein Mund sich öffnet und sein Unterkiefer herabfällt, seine Brauen schwitzen, seine Ohren verstopft sind und seine Zunge nicht mehr sprechen kann. Alsdann wird er weder antworten, noch irgend etwas sagen können. Seine Augen werden einsinken und seine Gelenke erschlaffen; seine Glieder werden abgetrennt sein. Sodann verlassen ihn seine Lieben, und seine Verwandten trennen sich von ihm und sagen dem Ort, da er sich befindet, Lebewohl. Er bleibt verwirrt zurück, und sein Verstand wird verkehrt, und *Shaitan* kann sich an ihn heranmachen. In jener Stunde ist er in äußerster Not. Die Türe der Reue ist ihm verschlossen, und das Beste, was der Knecht in dieser Stunde sprechen kann, ist die *Shahada.* Sie ist das gewichtigste Verteidigungswort für ihn in der kommenden Welt.

Wenn die Trompete geblasen wird und alle aus ihren Gräbern erweckt werden, und derjenige, dem Unrecht getan wurde, mit dem Übeltäter vereint sein wird, und die Engel als Zeugen erscheinen, und der Fragesteller Allah-ta'ala sein wird, und die Strafe das Feuer und Seligkeit im Garten sein wird, dann wird eine jede schwangere Frau ihre Last ablegen, und ihr werdet die Menschen betrunken sehen, ohne daß sie betrunken sind – doch die Strafe Gottes ist hart. Kinder werden an jenem Tage grauhaarig werden, wie Allah-ta'ala es verhieß:

Wie wolltet ihr euch schützen gegen einen Tag,
welcher selbst Kinder grauhaarig machen wird? (73,17)

Er sprach:

Da war nur ein Schrei. (36,29)
Jene, welche ihren Herrn fürchteten, werden in Scharen zum Garten getrieben werden. (39,73)

Es heißt, daß die sieben Zeugen der Erde ihre Zeugen sein werden, wie Er, möge Er gepriesen sein, es verkündete:

An jenem Tage wird sie sagen, was sie weiß. (99,4)

Auch die Zeit wird Zeugnis ablegen, so heißt es in der Überlieferung. Ein jeder Tag wird ausrufen: »Ich bin ein neuer Tag, und ich bin ein Zeuge dessen, was ihr tatet!« Auch die Zunge wird Zeugnis ablegen, wie Er, möge Er gepriesen sein, in der Sura des Lichtes kundtat:

An jenem Tage, da ihre Zungen gegen sie Zeugnis ablegen. (24,24)

Auch ihre Glieder werden Zeugnis ablegen, wie Er, möge Er gepriesen sein, sagt:

Ihre Hände sprechen zu uns, und ihre Füße
werden ihre Verdienste bezeugen. (36,64)

Auch die beiden Wachengel werden Zeugnis ablegen, wie Allah-ta'ala es verhieß:

Doch es sind Wächter über euch,
Edle Schreiber, welche wissen, was immer ihr tut. (82,11)

Auch die Bücher werden bezeugen, wie Allah-ta'ala es verhieß:

Dieses ist Unser Buch, welches gegen euch
die Wahrheit spricht. (45,29)

Und der Barmherzige wird bezeugen, wie Er, möge Er gepriesen sein, es verhieß:

Wir sind Zeugen über euch. (10,62)

Wie also wirst du dich befinden, o Ungehorsamer, nachdem diese Zeugen Zeugnis wider dich abgelegt haben?

31. Über das Zerstreuen der Bücher am Auferstehungstage

Abu Dhar, möge Allah zufrieden mit ihm sein, berichtet, der Gesandte Allahs habe gesagt: »Jeder *Mu'min* erhält eine neue Seite für einen jeden neuen Tag. Wird sie aufgerollt, und es ist auf ihr keinerlei *Istighfar* (Bitte um Vergebung), so ist sie dunkel. Wird sie aufgerollt, doch beinhaltet sie *Istighfar,* so ist sie ein leuchtendes Licht.«

*

Der *Faqih,* möge Allah zufrieden mit ihm sein, sagte: »Jedermann in der Welt besitzt zwei Wachengel von Allah-ta'ala, welche Tag und Nacht bei ihm wachen und seine Taten – die guten wie die schlechten, die belanglosen wie die ernsten – aufschreiben. Er, möge Er gepriesen sein, sprach:

> *Es sind Wächter über euch.* (82,10)

Jeden Tag wird ein Buch für ihn emporgetragen, und gleichermaßen jede Nacht; und in einem jeden Jahr in der Nacht des *Nusfu Sha'ban** werden seine Bücher zusammengebunden. Die Narrheiten seiner Reden und Taten werden aus ihnen entfernt. Jedes Jahr wird ein Buch zu einer Rolle zusammengefaßt. Wenn seine Stunde naht und er sich im Todeskampfe befindet, werden alle seine Schriftrollen gesammelt. Wenn sein *Ruh* ihn verläßt, werden sie zusammengerollt und an seinen Hals gehängt und versiegelt. Alsdann werden seine Schriftrollen mit ihm zusammen in sein Grab gelegt. Dieses ist der Sinn Seines Wortes, möge Er gepriesen sein:

> *Und einem jeden Menschen haben Wir seinen Omenvogel um den Hals gebunden,* (17,13)

... das heißt, Wir haben ihm das Verzeichnis seiner Taten umgehängt. Es wird darauf hingewiesen, daß es der Hals ist, da er der Ort des Halsschmuckes und der Halsbänder ist, sowie der Dinge, welche Glanz verleihen oder Schande bezeugen.

Und Wir werden für ihn am Jüngsten Tage ein Buch hervorbringen, welches er weit geöffnet vorfinden wird.

Wir werden ihm ein Buch überreichen, und es wird heißen:

So lies dein Buch!

... welches du selbst in der Welt mit Taten fülltest.

Dein eigenes Selbst wird am heutigen Tage genügen, um Gericht zu halten über dich. (17,14)

Wenn Allah die Geschöpfe im Hofe der Auferstehung versammelt, um über sie Gericht zu halten, werden ihre Bücher Schneeflocken gleich über sie ausgestreut werden. Ein Ruf wird vor dem Mitleidvollen ertönen: »O der-und-der Mensch! Nimm dein Buch in deine rechte Hand! O der-und-der Mensch! Nimm dein Buch in deine linke Hand! O der-und-der Mensch! Nimm dein Buch hinter deinem Rücken hervor!« Niemand wird sein Buch anders halten können, als Allah-ta'ala es ihm befiehlt. So werden jene, die Allah fürchteten, ihr Buch in der rechten Hand halten; die Verderbten werden ihr Buch in der linken Hand halten; die *Kafirun* werden ihr Buch hinter ihrem Rücken halten, wie Allah-ta'ala es verhieß:

Was jenen betrifft, dem sein Buch in seine linke Hand gegeben wird, (69,25)

und

Was jenen betrifft, dem sein Buch hinter seinem Rücken gegeben wird – dieser wird nach Vernichtung verlangen, und er wird in einem lodernden Feuer brennen. (84,11)

Für die Menschen vor dem Gericht gilt das gleiche. Drei Arten von Menschen wird es dort geben: solche, deren Urteil milde ausfällt – das sind die Gottesfürchtigen; solche, deren Urteil hart ausfällt und die vernichtet werden – das sind die *Kafirun;* und solche, deren Urteil umstritten sein wird, die jedoch letztlich gerettet werden – das sind die Ungehorsamen.

In einer der Hadithen des Propheten, der Friede sei mit ihm, heißt es, er habe gesagt: »Am Jüngsten Tag werden die Füße des Knechtes so lange nicht hinweggehen vom Angesichte Allahs, als er nicht über sein Leben und seinen Besitz befragt worden ist – darüber, was er von jenem verschenkte, und darüber, wie er diesen erwarb. Er wird darüber befragt werden, was in seinem Buche steht. Ist das Ende seines Buches erreicht, so wird Allah-ta'ala ihn fragen: ›Du Mein Knecht! War dieses alles dein eigenes Werk, oder haben die Engel irgend etwas zu deinem Buche hinzugefügt?‹

Er wird Ihm antworten: ›Nein, mein Herr! Ich habe das alles getan.‹

Alsdann wird Allah-ta'ala sprechen: ›Ich bin der, der deine schlechten Taten in der Welt verschleierte, und heute vergebe Ich dir. Gehe, denn Ich habe dir vergeben.‹ So ist es mit dem, dessen Urteil umstritten ist und der dann durch die Großzügigkeit Allah-ta'alas errettet wird.«

*

Derjenige, dessen Urteil milde ausfällt, gehört zu jenen, über die Allah-ta'ala sagte:

Was jenen betrifft, dem sein Buch in seine rechte Hand gegeben wird, dieser wird gewiß ein mildes Urteil empfangen. (84,7/8)

Der Prophet, der Friede sei mit ihm, wurde über das milde Urteil befragt und sprach: »Ein Mann wird in sein Buch schauen, und man wird darüber hinweggehen.« Es heißt, daß das *Mithal** (Bild) des Gerichtes Allah-ta'alas mit seinen *Mu'minun* am Tag der Auferstehung dem Verhalten von Yusuf (Josef), der Friede sei mit ihm, gegenüber seinen Brüdern entspräche, als er zu ihnen sprach:

An diesem Tag soll euch kein Vorwurf treffen. (12,92)

Genauso wird Allah-ta'ala sprechen: »Ihr Meine Knechte! An diesem Tage sollt ihr keinerlei Furcht haben, noch sollt ihr euch sorgen.« Yusuf, der Friede sei mit ihm, sagte:

Seid ihr euch dessen bewußt, was ihr mit Yusuf tatet? (12,89)

Gleichermaßen wird Allah-ta'ala zu Seinen Knechten sprechen: »Seid ihr euch dessen bewußt, was ihr tatet, als ihr euch Meinem Befehl widersetztet? Erinnert ihr euch dessen, was ihr tatet, als ihr euch gegen Mich wandtet?«

*

Wenn Allah-ta'ala über Seine Geschöpfe Gericht halten will, so heißt es in der Überlieferung, dann wird ein Ruf vor dem Mitleidvollen ertönen: »Wo ist der haschimitische Prophet?«

Alsdann wird der Gesandte Allahs vor seinen Herrn treten und ihn lobpreisen und rühmen. Alle Geschöpfe werden voller Ehrfurcht vor ihm sein, und er wird seinen Herrn bitten, mit seiner Gemeinde nicht ungnädig zu sein.

Sodann wird Allah-ta'ala ihn heißen: »Stelle Mir deine Gemeinde vor, o Mohammed!«

Also wird er sie Allah-ta'ala vorstellen. Ein jeder seiner Gemeinde wird über seinem Grabe stehen, und sein Urteil wird leicht sein. Der Zorn Gottes wird nicht über sie kommen, und ihre schlechten Taten werden zwischen den Seiten ihrer Bücher verborgen bleiben. Eine mit Perlen und Juwelen besetzte Krone aus Gold wird auf ihre Häupter gesetzt, und sie werden mit je drei Hosen bekleidet werden: eine aus Gold, eine aus Silber und eine aus Perlmutter. Dann werden sie zu ihren Brüdern, den *Mu'minun,* zurückkehren, doch diese werden sie wegen ihrer Schönheit und Vollkommenheit nicht wiedererkennen. In ihrer rechten Hand werden sie ihr Buch der guten Taten halten, ihren Schutz vor dem Feuer. Alsdann werden sie auf ewig im Garten wohnen. Dies ist Sein Wort, möge Er gepriesen sein:

> *Was jenen betrifft, dem sein Buch in seine rechte Hand gegeben wird, dieser wird gewiß ein mildes Urteil empfangen, und er wird in Freuden zu seiner Familie zurückkehren.* (84,7)
> *Was jenen betrifft, dem sein Buch in seine linke Hand gegeben wird, der wird klagen: »O wäre mir mein Buch doch nicht gegeben worden!«* (69,25)

Über jenes Buch sagte Er, möge Er gepriesen sein:

> *Was jenen betrifft, dem sein Buch hinter seinem Rücken gegeben wird – dieser wird nach Vernichtung verlangen, und er wird in einem lodernden Feuer brennen.* (84,11)

Eine jede seiner guten Taten wird zwischen den Seiten seines Buches verborgen stehen, doch eine jede seiner schlechten Taten wird auf ihrer Außenseite stehen. Was jenen angeht, dem sein Buch in die linke Hand gegeben worden ist, er wird bestraft werden, auch wenn er gute Taten getan hat. Das gilt für die *Kafirun,* denn eine gute Tat begleitet von *Kufr** (Unglauben) bringt keinen Verdienst. Ein Teil der Beschreibung des *Kafir* sagt, sein Körper sei wie die Berge Harra' und Abu Qabis (zwei Berge in der Nähe von Mekka). Auf seinem Kopf sitzt eine Krone aus Feuer, und er ist in ein Kleid aus geschmolzenem Kupfer gekleidet. Auf seinem Nacken lodert ein brennendes Holzscheit. Seine Hand ist an seinen Nacken gebunden. Sein Gesicht ist schwarz und seine Augen grün. So wird er zu seinen Brüdern zurückkehren. Wenn sie ihn erblikken, werden sie entsetzt sein und vor ihm fliehen. Sie werden ihn nicht erkennen, bis er sagt: »Ich bin der So-und-So.« Dann werden sie ihn auf seinem Gesicht ins Feuer schleifen.

Dies sind die *Kafirun,* denen ihr Buch in die linke Hand gegeben wird; doch sie nehmen es hinter ihrem Rücken hervor, wie es vom Propheten, der Friede sei mit ihm, berichtet wird. »Wenn ein *Kafir* mit seinem Namen zum Gericht gerufen wird, dann wird einer der Strafengel vortreten und ihm die Brust zerspalten. Alsdann wird dieser mit seiner linken Hand zwischen seinen Schulterblättern hindurch hinter seinen Rükken greifen. Dort wird ihm sein Buch gereicht werden.«

32. Über das Aufstellen der Waage

Von Ibn 'Abbas, möge Allah zufrieden mit ihm sein, wird überliefert: »Am Jüngsten Tage wird die Waage auf Lichtstrahlen aufgestellt werden. Die Länge eines jeden Lichtstrahles wird der Entfernung zwischen Osten und Westen entsprechen. Die Waagschalen am Wägbalken werden in Länge und Breite den Schichten der Welt entsprechen. Eine der Waagschalen wird sich zur Rechten des Thrones befinden – diese ist die Waagschale der guten Taten. Die andere wird sich auf seiner Linken befinden – diese ist die Waagschale der schlechten Taten. Zwischen den beiden Waagschalen sind Berge von Taten der *Jinnen* und Menschen aufgehäuft, welche aus guten wie schlechten Taten bestehen. Das zeitliche Maß jenes Tages wird 50 000 Jahre betragen.«

*

Er, der Friede sei mit ihm, sagte: »Er wird einen Menschen vortreten lassen, und dieser wird siebenundsiebzig Schriftrollen mit sich führen. Eine jede dieser Schriftrollen ist so lang, wie das Auge sehen kann. Darinnen sind seine moralischen Fehler und seine schlechten Taten enthalten. Sie alle werden auf eine der Waagschalen gelegt werden. Dann wird man ein Pergament von der Größe einer Fingerspitze hervorholen. Auf diesen steht die *Shahada – Lâ ilâha illâh 'Llâh, Muhammadûn Rasulullâh* – geschrieben. Diese wird auf die andere Waagschale gelegt werden, und alle schlechten Taten werden damit aufgewogen sein. Dies ist Sein Wort, möge Er gepriesen sein:

Der, dessen Taten schwer auf der Waage wiegen,

. . . was bedeutet, daß das Gewicht seiner guten Taten des Gehorsams und der Wohltaten seine schlechten überwiegen . . .

der wird ein freudvolles Leben erben.

. . . das heißt, er wird im Garten wohnen, welcher ihm Freuden bringen wird. Dann sprach Er:

Der jedoch, dessen Taten leicht auf der Waage wiegen,
dessen Mutter ist Hawiya!
Und was sollten wir dich lehren, was Hawiya ist? Ein loderndes Feuer! (101,8–11)

33. Über Sirat

Der Prophet, der Friede sei mit ihm, sagte: »Allah-ta'ala erschuf eine Brücke über das Feuer, welche *Sirat* genannt wird. Sie ist auf der Oberfläche *Jahannams* gelegen und ist glitschig und tückisch. Sie hat sieben Bögen. Jeder dieser Brückenbögen ist dreitausend Jahre lang. Eintausend Jahre davon gehören dem Anstieg, eintausend Jahre dem ebenen Teil und eintausend Jahre dem Abstieg. Sie ist dünner als ein Haar und schärfer als ein Schwert und dunkler als die Nacht. Auf jedem Bogen befinden sich sieben Äste. Jeder Ast gleicht einem langen Speer mit scharfer Zahnung. Der Knecht sitzt auf jedem Bogen und wird über das befragt, was Allah-ta'ala ihm zu tun befahl. Auf dem ersten wird mit ihm bezüglich seines Glaubens *(Imam)* Gericht gehalten, und man wird feststellen, ob er im Hinblick auf den *Kufr* und dessen Nacheiferung recht gehandelt hat. Hat er es nicht, dann wird er im Feuer vernichtet. Auf dem zweiten Bogen wird er über das Gebet befragt, auf dem dritten über *Zakat,* auf dem vierten über das Fasten. Auf dem fünften Bogen wird er über die *Haǧǧ* und die *'Umra* befragt, auf der sechsten über das *Wudu'* und den *Ghazl.* Auf dem siebenten Bogen wird er über die Pflichterfüllung gegenüber seinen Eltern und Verwandten sowie über seine Übeltaten befragt. Wird er errettet, so überschreitet er die Brücke. Wenn nicht, wird er im Feuer vernichtet.«

*

Wahb berichtet, der Prophet, der Friede sei mit ihm, habe folgendes Bittgebet gesprochen: »O Herr, gewähre meiner Gemeinde Deinen Schutz!« So werden also alle Geschöpfe über die Brücke schreiten, doch einige von ihnen werden auf den Schultern der anderen schreiten. Die Brücke wird schwanken wie ein Schiff in einem ungestümen Sturm auf dem Meer. Die erste Abteilung wird schnell wie ein Blitz hinübergelangen. Die zweite Abteilung wird schnell wie der Wind eines Sturmes hinüberfahren, die dritte wie ein schneller Vogel, die vierte wie ein edles Pferd, die fünfte wie ein schnellfüßiger Mann, die sechste wie eine Kuh. Die siebente Abteilung wird die Dauer eines Tages und einer Nacht benötigen, um hinüberzugelangen. Es heißt, daß einige zwei Monate brauchen werden, um sie zu überschreiten, einige ein Jahr, einige zwei Jahre, einige drei Jahre – bis die Zeit gekommen ist, da der letzte, der die *Sirat* überschreiten wird, fünfundzwanzigtausend der Jahre dieser Welt zum Überschreiten der *Sirat* brauchen wird.

*

Es heißt, daß die Menschen über die Brücke schreiten, während Feuer unter ihren Füßen lodert, über ihren Köpfen, zu ihrer Rechten, zu ihrer Linken, vor und hinter ihnen. Dies ist Sein Wort, möge Er gepriesen sein:

> *Niemanden gibt es unter euch, welcher nicht dorthin hinabsteigen wird. Das ist eine unausweichliche Bestimmung eures Herrn. Dann werden wir die Gottesfürchtigen erretten. Die Frevler aber werden Wir auf ihren Knien humpelnd dort belassen.* (19,71)

Das Feuer wird solange auf ihre Körper, ihre Haut und ihr Fleisch einwirken, bis sie wie schwarze Kohle geworden sind, mit Ausnahme derer, die davon errettet werden. Unter denen befinden sich jene, welche *Sirat* überschreiten und keinen ihrer Schrecken fürchten und durch keines ihrer Feuer berührt werden – so leicht gehen sie hinüber, daß sie sagen werden, nachdem sie *Sirat* überschritten haben: »Wo ist *Sirat*?« Dann wird man ihnen verkünden: »Gerade habt ihr sie mit der Barmherzigkeit Allah-ta'alas gefahrlos überschritten.«

*

Wenn der Tag der Auferstehung gekommen ist, so heißt es in der Überlieferung, wird die Gemeinde Mohammeds hervortreten. Wenn sie *Sirat* betreten, wird sich der Prophet, der Friede sei mit ihm, zu ihnen umdrehen und sie fragen: »Wer seid ihr?«

Sie werden ihm antworten: »Wir sind deine Gemeinde.«

Alsdann wird er sie fragen: »Ginget ihr auf meiner *Shari'a* (Straße)?«

Sie werden ihm antworten: »Nein.«

Dann wird ihr Vertrauen dahin sein, und er wird sie alleine lassen. So werden sie ins *Jahannam* fallen.

Alsdann wird eine andere Gemeinde hervortreten, und er, der Friede sei mit ihm, wird sie befragen: »Ginget ihr auf der *Shari'a* eures Propheten, und reistet ihr auf seinem Pfad *(Tariq)*?«

Wenn ihre Antwort ein »Ja« ist, werden sie *Sirat* überschreiten; ist sie ein »Nein«, werden sie ins Feuer fallen. Nachdem sie ins Feuer eingetreten sind, werden sie der Fürbitte des Propheten, der Friede sei mit ihm, bedürfen.

*

In der Überlieferung heißt es, daß einige Menschen in dem Augenblick, da sie zur *Sirat* gelangen, stehenbleiben werden und flehen: »Wer wird uns vor dem Feuer erretten?« Sie werden nicht wagen, sie zu überschreiten, und sie werden weinen. Dann wird Jibril, der Friede sei mit ihm, zu ihnen kommen und sie fragen: »Was hindert euch daran, *Sirat* zu überschreiten?«

Sie werden antworten: »Wir fürchten uns vor dem Feuer.«

Daraufhin wird ihnen Jibril entgegnen: »Als ihr in der Welt

wart und einem tiefen Ozean begegnetet, wie überquertet ihr diesen?«

Sie werden ihm antworten: »Auf einem Schiff.«

Also wird ihnen Jibril die Moscheen, in welchen sie zu beten pflegten, in der Gestalt von Schiffen bringen. Dann werden sie diese besteigen und *Sirat* überqueren. Es wird heißen: »Dieses sind eure Moscheen, in denen ihr euer Gemeinschaftsgebet spracht.«

*

Wenn Allah-ta'ala über einen Seiner Knechte Gericht hält, so heißt es in der Überlieferung, und dessen schlechte Taten seine guten überwiegen, so wird Er ihn in das Feuer schicken. Wenn er davongeht, wird Allah zu Jibril, der Friede sei mit ihm, sprechen: »Hole Meinen Knecht ein, und frage ihn, ob er in der Welt mit den *'Ulama* zu sitzen pflegte. Ich werde ihm auf ihre Fürsprache hin vergeben.«

Also wird Jibril ihn befragen, doch er wird antworten: »Nein.« Sodann wird Jibril, der Friede sei mit ihm, sprechen: »O Herr! Du kennst den Zustand Deines Knechtes!«

Er wird ihm antworten: »Frage ihn, ob er die *'Ulama* liebte?«

Abermals wird Jibril ihn befragen, doch er wird antworten: »Nein.«

Allah wird sprechen: »Frage ihn, ob er mit den *'Ulama* an einem Tische saß?«

Er wird ihn befragen, doch dieser wird ihm antworten: »Nein.«

Sodann wird Allah Jibril, der Friede sei mit ihm, heißen: »Frage ihn, ob er einen Menschen liebte, welcher die *'Ulama* liebte?«

Nun wird er antworten: »Ja.«

Also wird Allah-ta'ala zu Jibril, der Friede sei mit ihm, sprechen: »Nimm ihn bei der Hand und führe ihn in den

Garten. Er liebte einen Menschen in der Welt, welcher die *'Ulama* liebte, also habe Ich ihm durch die *Baraka* (den Segen) jenes Menschen vergeben.«

*

Es heißt in der Überlieferung, daß Allah-ta'ala die Moscheen dieser Welt am Jüngsten Tage wie Kamele versammeln wird. Ihre Beine werden aus Perlmutter bestehen, ihre Nacken aus Safran, ihre Häupter aus starkduftendem Moschus, ihre Rükken aus grünem Chrysolith. Jene, die in ihnen das Gemeinschaftsgebet sprachen, werden in ihnen fahren. Die *Mu'ezzine* werden sie leiten, und die *Imame* werden sie antreiben. So werden sie in die Vorhöfe der Auferstehung einfahren. Ein Ruf wird ertönen: »Ihr Menschen der Höfe! Die da kommen, sind weder die Engel noch die gesandten Propheten, sondern nur jene der Gemeinde Mohammeds, die ihre Gebete in der Gemeinschaft aufrechterhielten!«

*

Es heißt, daß Allah-ta'ala einen Engel erschuf, welcher *Dirda'l** genannt wird. Dieser besitzt zwei Flügel, einen Flügel aus rotem Rubin im Westen und einen aus grünem Chrysolith im Osten. In beide sind Perlmutter, Rubine und Korallen eingelegt. Sein Haupt befindet sich unter dem Thron, seine Füße unter der siebenten Erde. In jeder Nacht des *Ramadan* ruft er aus: »Ist da jemand, der ein Bittgebet spricht, auf daß es erhört werde? Ist da jemand, der bittet, auf daß ihm seine Bitte gewährt werde? Ist da jemand, der sich vom Schlechten abwendet, auf daß wir uns ihm zuwenden? Ist da jemand, der um Verzeihung bittet, auf daß wir ihm verzeihen?« – Dieses ruft er bis zum Anbruch des Morgengrauens!

34. Über das Feuer

Es heißt in der Überlieferung, daß Jibril, der Friede sei mit ihm, zum Propheten kam, der Friede sei mit ihm, und dieser sprach: »O Jibril! Beschreibe mir das Feuer!«

Da erzählte ihm dieser: »Allah erschuf das Feuer und schürte es eintausend Jahre lang, bis es rot wurde. Alsdann schürte er es eintausend Jahre lang, bis es weiß wurde. Dann schürte er es eintausend Jahre lang, bis es schwarz wie die Nacht wurde. Seine Flammen ersterben nie, noch schwelen seine Scheite.«

*

Mujahid sprach davon, daß es im *Jahannam* Schlangen gäbe, so lang wie die Schwänze von Kamelen, und Skorpione so groß wie Maulesel. Die Menschen im Feuer flöhen vor den Schlangen und den Skorpionen von Feuer zu Feuer. Doch die Schlangen und Skorpione faßten sie bei ihren Mündern und aller Haut zwischen ihren Haaren und ihren Nägeln. Die Flucht ins Feuer könne die Menschen nicht vor ihnen retten.

*

Von 'Abdullah ibn 'Abbas wird überliefert, der Gesandte Allahs habe gesagt, daß es dort Schlangen gibt, so gewaltig wie die Nacken der Kamele, welche mit einem Stachel stechen, der Gift enthält, welches länger als vierzig Jahre zu spüren ist.

*

Zayd ibn Wahb berichtet, er habe von Ibn Mas'ud, möge Allah zufrieden mit ihm sein, folgendes gehört: »Dieses euer weltliches Feuer ist nicht mehr als ein siebzigstel jenes Feuers.

Wäre es nicht zweimal ins Meer getaucht worden, ihr würdet keinen Nutzen davon haben.«

*

Mujahid sagte: »Dieses euer Feuer sucht Zuflucht vor dem Feuer *Jahannams.*«

*

In einer Überlieferung heißt es, daß Allah-ta'ala Jibril, der Friede sei mit ihm, zum Engel des Feuers sandte, um etwas von dessen Feuer zu holen und es Adam zu bringen, der Friede sei mit ihm, damit dieser Essen damit kochen könne. *Malik* fragte: »O Jibril! Wieviel vom Feuer wünschest du?«

Da antwortete ihm Jibril: »Ich möchte die einer Dattel entsprechende Menge.«

Da antwortete ihm *Malik:* »O Jibril! Gäbe ich dir die Menge einer Dattel vom Feuer, so würden die sieben Himmel und Erden durch seine Hitze zerschmelzen!«

Da bat er ihn: »Gib mir die Menge eines Dattelkernes.«

Da entgegnete *Malik* ihm: »Wenn ich dir gäbe, was du verlangtest, so würde kein einziger Tropfen Wasser mehr vom Himmel fallen, und nicht eine einzige Pflanze würde noch auf der Erde wachsen!«

Da rief Jibril aus: »Mein Gott! Wieviel vom Feuer soll ich nehmen?«

Allah-ta'ala antwortete ihm: »Nimm die Menge eines einzigen Atoms.« Also nahm Jibril die Menge eines Atomes vom Feuer und tauchte sie siebzigmal in einen Fluß. Alsdann brachte er das Feuer zu Adam, der Friede sei mit ihm, und setzte es auf einen hohen Berg. Der Berg schmolz, und das Feuer kehrte an seinen Platz zurück, doch sein Rauch verblieb in den Steinen und dem Eisen bis zum heutigen Tag. Alles Feuer der Erde besteht aus dem Rauch jenes Atomes. Nehmet Kenntnis davon, o *Mu'minun*!

Der Prophet, der Friede sei mit ihm, sagte: »Derjenige unter den Menschen des Feuers, der die leichteste Strafe erleidet, wird zwei Sandalen aus Feuer tragen, die sein Gehirn zum Kochen bringen, wie ein Kessel kocht. Also werden ihn seine Nachbarn hören. Seine Zähne und Lippen werden wie glühende Kohlen brennen, und aus seinen Füßen und aus seinen Eingeweiden werden Flammen schlagen. Er selbst glaubt sich der härtesten Strafe der Menschen im Feuer ausgesetzt, und doch ist dies nicht mehr als die leichteste der Strafen im Feuer.«

*

'Asim sagte, daß die Menschen im Feuer *Malik* anrufen werden, doch dieser wird ihnen vierzig Jahre lang nicht antworten. Dann wird er zu ihnen sprechen:

Gewiß werdet ihr verweilen! (43,77)

... das heißt, ihr müßt auf immer hier bleiben! Also werden sie ausrufen:

O Herr! Bringe uns aus dieser Hölle heraus!
Kehren wir alsdann zum Ungehorsam zurück,
so werden wir wahrlich Frevler sein. (23,107)

Er wird ihnen während einer Zeitspanne keine Antwort geben, welche zweimal so lang ist wie die Dauer dieser Welt. Dann wird er ihnen mit dem Spruch antworten:

Schert euch ins Feuer und sprechet nicht zu Mir! (23,108)

Der Prophet , der Friede sei mit ihm, sagte: »Bei Gott, danach werden jene Menschen kein einziges Wort mehr sprechen. Dann wird es nurmehr Seufzen und Wehklagen im Feuer geben, und ihre Stimmen werden der Stimme des Esels gleichen. Sie fängt an mit einem Seufzer und endet mit einem Stöhnen!«

*

Jibril, der Friede sei mit ihm, sprach: »Bei Dem, der dich als einen Propheten mit der Wahrheit sandte: Würde ein Loch von der Größe eines Nadelöhrs vom Feuer gen Osten hin aufgetan, so würden die Menschen im Westen von seiner Hitze verbrennen.

Bei Dem, der dich als einen Propheten mit der Wahrheit sandte: Würde eines der Gewänder der Höllenmenschen zwischen den Himmel und die Erde gehängt, so würden die Menschen von dessen Hitze sterben, kämen sie auch nur mit einem Hauch seines Gestankes in Berührung!

Bei Dem, der dich als einen Propheten mit der Wahrheit sandte: Würde nur eine Armeslänge jener Ketten, die Allah in Seinem Buche erwähnt, auf einen Berg gelegt, so würde der Berg schmelzen bis hinab zur siebenten Erde!

Bei Dem, der dich als einen Propheten mit der Wahrheit sandte: Würde nur einer der Menschen des Feuers im Westen bestraft, so würde jedermann im Osten durch die Härte seiner Strafe verbrannt. Gewaltig ist die Hitze des Feuers und sein Grund abgrundtief. Sein Brennstoff sind Menschen und Felsen. Seine Tränke sind heißer Eiter und *Hamim* (kochendes Wasser). Die Gewänder des Feuers sind aus Pech.«

35. Über die Tore zum Feuer

Sieben Tore hat das Feuer. Ein jedes Tor hat einen Eingang für Frauen und einen für Männer. Vom Gesandten Allahs heißt es, daß er einst Jibril, der Friede sei mit ihm, gefragt habe: »Gleichen ihre Tore den unseren?«

Da antwortete dieser: »Nein. Einige von ihnen sind niedriger als andere. Vom einen Tor zum anderen sind es siebenhundert Jahre. Ein jedes Tor ist ein Zweifaches von siebzig Mal heißer als das vorhergehende.«

Da fragte er ihn: »Wer sind die Bewohner dieser Tore?«

Jibril antwortete ihm: »Was das niederste Tor betrifft, in diesem wohnen die Heuchler sowie jene von den Gefährten der Tafel (Sura 5) und aus dem Hause 'Imrans (Sura 3), welche die Wahrheit zurückwiesen. Der Name dieses Tores ist *Hawiya.* Das zweite Tor beherbergt die *Mushrikun* (Götzenanbeter); es heißt *Jahim.* Das dritte Tor beherbergt die Sabier, und es heißt *Saqar.* Das vierte Tor beherbergt *Iblis* und alle die ihm folgten sowie die Magier; sein Name ist *Ladha.* Das fünfte Tor beherbergt die Juden; sein Name ist *Hutama.* Das sechste Tor beherbergt die Christen; sein Name ist *Sa'ir.*« Hier verstummte Jibril.

Er, der Friede sei mit ihm, fragte sodann: »O Jibril! Warum erzählst du mir nicht über die Bewohner des siebenten Tores?«

Da erwiderte ihm dieser: »O Mohammed, willst du wirklich davon wissen?«

Er erwiderte: »Ja.«

Da fuhr Jibril fort: »O Mohammed! Dieses enthält die Menschen aus deiner Gemeinde, die schwere Missetaten begingen und die starben, ohne sich von diesen abzuwenden.«

Da schwanden dem Propheten, der Friede sei mit ihm, die Sinne. Als er sein Bewußtsein wiedererlangte, sprach er, der Friede sei mit ihm: »O Jibril! Meine Bestürzung ist groß und meine Furcht stark. Werden einige Menschen meiner Gemeinde in das Feuer gelangen?«

Da antwortete ihm Jibril: »Ja. Die Menschen aus deiner Gemeinde, die schwere Missetaten begingen, werden ins Feuer einkehren.«

Da weinte der Gesandte Allahs, und Jibril weinte über sein Weinen. Also fragte er, der Friede sei mit ihm: »O Jibril! Warum weinst du, da du doch der Zuverlässige *Ruh* bist?«

Da antwortete ihm Jibril: »Ich fürchte, daß ich durch die gleiche Versuchung versucht werde wie *Marut** und *Harut* (Sura 2,102). Darum weinte ich.«

Allah-ta'ala offenbarte es ihnen: »Du Jibril, und Du Mohammed! Ich habe euch weitab von der Hölle gehalten, doch fühlet euch nicht sicher vor Meiner Strafe!«

36. Über Jahannam

Von Ibn 'Abbas, möge Allah zufrieden mit ihm sein, wird überliefert, daß Er, möge Er gepriesen sein, am Jüngsten Tage *Jahannam* hervorbringen wird, mit siebzigtausend Reihen von Engeln darum. Eine jede der Reihen ist von größerer Zahl als die vorige. Es heißt, *Jahannam* habe vier Beine, und zwischen jedem der Beine liegen eintausend Jahre. Es hat dreißig Köpfe; in jedem dieser Köpfe befinden sich dreißigtausend Münder, und in jedem der Münder dreißigtausend Zähne, ein jeder von ihnen eintausendmal gewaltiger als ein Berg. Jeder der Münder hat zwei Lippen, und jede Lippe ist groß wie die Oberfläche der Welt. In seinen Lippen haften zwei Eisenketten, und eine jede dieser Ketten besteht aus siebzigtausend Ringen, und an einem jeden Ring hält eine unzählbare Zahl von Engeln fest. Auch heißt es, *Jahannam* wird zur Linken des Thrones hervorgebracht. Dieses ist Sein Wort, möge Er gepriesen sein:

Es wird Funken sprühen wie trockenes Holz. (77,32)

37. Über das Vorantreiben der Menschen ins Feuer

Die Feinde Allahs wird man ins Feuer treiben. Ihre Gesichter werden geschwärzt, ihre Augen grün verwandelt und ihre Münder versiegelt sein. Wenn sie die Tore des Feuers erreichen, werden die *Zabaniya* sie mit Ketten und Eisen in Empfang nehmen. In den Mund des *Kafir* wird man eine Kette stecken, welche an seinem Rücken wieder herauskommt. Seine linke Hand wird man an seinen Nacken ketten, seine rechte Hand wird in seine Brust eindringen und zwischen seinen Schultern hervorgezogen werden. Man wird ihn in Ketten legen, und ein jeder von ihnen wird mit einem *Shaitan* zusammengekettet sein. Man wird ihn mit dem Gesicht über den Boden schleifen, und die Engel werden ihn mit eisernen Knütteln schlagen. Wenn ein *Kafir* aus dem Feuer entfliehen will, wird man ihn zurückstoßen und zu ihm sprechen:

Schmecke die Strafen des Feuers,
welche du eine Lüge nanntest! (32,20)

Es heißt, daß einst Fatima den Propheten fragte: »O Gesandter Allahs, warum fragst du nicht nach deiner Gemeinde, und wie diese in das Feuer einkehren wird?«

Da sprach er, der Friede sei mit ihm: »Die Engel werden sie zum Feuer treiben, doch ihre Gesichter werden nicht geschwärzt oder ihre Augen grün verwandelt werden, noch wird man ihre Münder versiegeln. Sie werden auch nicht von einem *Shaitan* begleitet, noch wird man sie in Ketten und Eisen legen.«

Da fragte sie ihn: »O Gesandter Allahs! Wie werden die Engel sie führen?«

Da antwortete er ihr, der Friede sei mit ihm: »Der Greis und der Jüngling werden an ihren Bärten geführt werden. Was die Frauen betrifft, sie werden an ihren Stirnlocken geführt werden. Wie viele weißhaarige Männer meiner Gemeinde werden an ihren weißen Haaren genommen und zum Feuer geführt werden! Ein jeder von ihnen wird rufen: ›O weh um mein weißes Haar! Wehe um meine Schwäche!‹ Wie viele Jünglinge aus meiner Gemeinde werden am Barte genommen und zum Feuer geführt werden! Ein jeder von ihnen wird rufen: ›O wehe um meine Jugend! O wehe um meine stattliche Gestalt!‹ Wie viele Frauen meiner Gemeinde werden an ihrer Stirnlocke genommen und zum Feuer geführt werden! Eine jede von ihnen wird rufen: ›O wehe um meine Scham! O wehe um den Schleier über meiner Scham!‹ Sie werden rufen, bis sie zu *Malik* gelangen. *Malik* wird sie betrachten und die Engel fragen: ›Wer sind diese? Unter den Elenden brachtet ihr bisher keine seltsameren als diese. Ihre Gesichter sind nicht schwarz, noch sind sie in Ketten und Eisen gelegt!‹

Da werden die Engel ihm antworten: ›Allah befahl uns, sie in diesem Zustand zu dir zu bringen.‹

Also wird er sie anreden: ›Ihr Elenden! Wer seid ihr?‹

Sie werden ihm antworten: ›Wir kommen aus der Gemeinde Mohammeds.‹«

*

In einer anderen Lesart heißt es: Wenn die Engel sie führen, werden sie ausrufen: »O wehe, Mohammed!« Doch wenn sie *Malik* erblicken, werden sie den Namen Mohammed aus Schrecken vor ihm vergessen. *Malik* wird sie fragen: »Wer seid ihr?«

Sie werden ihm antworten: »Wir sind jene, zu denen der Koran herabgesandt worden ist, jene, die im Monat *Ramadan* fasteten.«

Also wird *Malik* ihnen erwidern: »Der Koran wurde nur dem Propheten Mohammed herabgesandt.«

Wenn sie den Namen Mohammed hören, werden sie ausrufen: »Wir gehören zu seiner Gemeinde!«

Da wird *Malik* ihnen erwidern: »Was ihr im Koran besaßet, war ein Abschreckungsmittel gegen Taten des Ungehorsams.«

Wenn sie am Rande *Jahannams* stehen, um das Feuer und die *Zabaniya* zu betrachten, werden sie ausrufen: »O *Malik*! Gib uns Erlaubnis, um uns selbst zu weinen!« Er wird ihnen die Erlaubnis geben, und sie werden so lange weinen, bis keine einzige Träne mehr in ihren Augen verbleibt. Dann werden sie Blut weinen. Dann wird sie *Malik* belehren: »Wie gut ihr weinen könnt! Hättet ihr doch in der Welt aus Furcht vor Allah-ta'ala geweint, so hätte euch das Feuer heute nicht aufgenommen!«

38. Über die Zabaniya

Mansur ibn 'Ammar al-Mughni berichtete: »Der Engel des Feuers besitzt Hände und Füße gemäß der Anzahl der Menschen im Feuer. Mit jeder seiner Hände und jedem seiner Füße stellt er und setzt er, bindet er und legt in Ketten, wen immer er will. Wenn *Malik* das Feuer ansieht, verzehrt das Feuer sich selbst aus Furcht vor ihm. Die neunzehn Buchstaben:

بِسْمِ اللهِ الرَّحْمٰنِ الرَّحِيمِ

(Bismillahi'r-Rahmani'r-Rahim) entsprechen der Anzahl der Anführer der *Zabaniya.* Es heißt, die *Zabaniya* greifen die Menschen des Feuers bei Händen und Füßen, da diese mit ihren Füßen und ihren Händen tätig sind. Ein einziger von ihnen vermag zehntausend *Kafirun* mit einer einzigen Hand zu greifen, zehntausend mit der anderen Hand, zehntausend mit einem Fuß, und zehntausend mit dem anderen Fuß. Er vermag vierzigtausend *Kafirun* mit einem einzigen Stoß in die Hölle zu stoßen – solche Stärke und Macht besitzt er.

Ihr Führer ist *Malik,* der Wächter des Feuers. Achtzehn der *Zabaniya* gleichen ihm; es sind die Führer der Engel. Jedem von ihnen unterstehen Wächter, deren Zahl allein Gott kennet. Ihre Augen gleichen dem schnellen Blitz, ihre Zähne den weißen Hörnern der Rinder. Ihre Lippen berühren ihre Füße, und Flammen schlagen aus ihren Mündern. Zwischen ihnen liegt jeweils eine Entfernung von einem Jahr. Allah-ta'ala erschuf keinerlei Barmherzigkeit aus Mitgefühl in ihnen – nicht einmal die Menge eines einzigen Atomes davon. Einer von ihnen taucht für sieben Jahre in die Ozeane von Feuer ein, und doch fügt ihm das Feuer keinen Schaden zu, denn Licht besiegt das Feuer. Wir suchen Zuflucht in Allah vor dem Feuer!

*

Malik wird den *Zabaniya* befehlen: »Stoßt sie ins Feuer!« Dann werden sie die Menschen ins Feuer stoßen, und diese werden alle rufen: »*Lâ ilâha illâ 'Llâh!*« Daraufhin wird sich das Feuer vor ihnen zurückziehen.

Alsdann wird *Malik* befehlen: » Feuer! Nimm sie auf!«

Das Feuer wird ihm antworten: »Wie kann ich sie nehmen, wenn sie *Lâ ilâha illâ 'Llâh* rufen?«

Malik wird ihm erwidern: »Der Herr des allmächtigen Thrones hat es befohlen.«

Also wird das Feuer sie ergreifen. Einige von ihnen wird es an ihren Füßen ergreifen, einige an ihren Knien, andere am Nabel und wieder andere an der Kehle. Wenn es ihren Gesichtern nahekommt, wird *Malik* zum Feuer sprechen: »Verbrenne ihre Gesichter nicht, denn sie warfen sich vor dem Allbarmherzigen auf sie nieder! Verbrenne ihre Herzen nicht, denn ihre Herzen sind die Schatzkammern des *Tawhid,* der *Ma'rifa* (Gnosis) und des *Imam* (Glauben)! Haben sie nicht oft dem *Ramadan* vertraut?«

Alsdann werden sie im Feuer der Hölle verbleiben, solange Allah es will.

39. Über Speise und Trank der Menschen im Feuer

Der Prophet, der Friede sei mit ihm, sagte: »Die Menschen des Feuers haben schwarze Gesichter, ihre Schau ist verdunkelt, und ihr Verstand ist geschwunden. Ihre Köpfe gleichen großen Kuppeln, ihre Körper den Bergen. Ihre Augen sind grün, und ihre körperliche Größe entspricht der eines hochragenden Berges. Sie gleichen dem Schilfrohr – weder sterben sie einen Tod, noch leben sie ein Leben. Ein jeder von ihnen hat siebzig Häute. Schlangen von Feuer wohnen in ihren Bäuchen, und ihre Stimmen klingen wie die Stimmen wilder Tiere. Sie sind in Ketten und Eisen geschlagen. Sie werden mit eisernen Knütteln geschlagen und auf ihren Gesichtern geschleift.«

*

Er, der Friede sei mit ihm, sagte: »Die elenden Menschen des Feuers werden ausrufen: ›Unser Herr! Die Strafe hat uns umzingelt!‹ Sie werden eingesperrt und in Eisen geschlagen sein. Wenn sie schweigen, werden sie keine Gnade finden. Wenn sie geduldig sind, werden sie nicht errettet werden. Wenn sie ausrufen, wird man ihnen nicht antworten. Solange sie in der Gefangenschaft weilen, werden sie schreien und in lautes Wehklagen ausbrechen, immerwährend und voller Reue. Ihre Strafe währt lange, und ihr Verlies ist eng. Ihr eigener Eiter bittet für sie. Ihr Geschlecht ist offen sichtbar, ihre Farbe verändert. Sie sind elend und rufen: ›Unser Herr! Unser Unglück hat uns besiegt! Wir waren Menschen, welche irregingen! Unser Herr! Hebe die Strafe von uns, denn wir vertrauen!‹«

*

Der Prophet, der Friede sei mit ihm, sagte: »Allah-ta'ala erschuf Berge für die Elenden des Feuers. Sie werden ›Abhänge‹ genannt. Die Menschen des Feuers werden diese Abhänge eintausend Jahre lang auf ihren Gesichtern emporkriechen, so lange, bis sie den Gipfel erreichen. Dann werden die Berge sie ins *Jahannam* zurückschleudern. Sie sind die Verlierer!«

*

Der Prophet, der Friede sei mit ihm, sagte: »Die Elenden des Feuers werden Hilfe durch Regen erflehen. Dann werden schwarze Wolken aufziehen. Sie werden ausrufen: ›Vom Allbarmherzigen ist Hilfe gekommen!‹ Alsdann werden glühende Steine auf sie niederregnen, auf ihre Köpfe fallen und aus ihren Rücken wieder hervortreten. Dann werden sie Allah eintausend weitere Jahre um Hilfe bitten. Also werden schwarze Wolken erscheinen, und sie werden ausrufen: ›Regenwolken sind gekommen!‹ Alsdann werden Schlangen, groß wie die Schwänze von Kamelen, auf sie niederregnen. Beißen sie jemanden, so wird ihr Gift eintausend Jahre lang in ihm bleiben.« Dies ist der Sinn Seiner Worte, möge Er gepriesen sein:

> *Für sie werden Wir auf jede Strafe eine größere Strafe folgen lassen, denn sie verbreiteten Verderbtheiten.* (16,88)

*

Der Prophet, möge Allah ihn segnen und ihm Frieden gewähren, sagte: »Die Elenden des Feuers werden *Malik* siebzig Jahre lang anrufen, doch er wird ihnen nicht antworten. Sie werden ausrufen: ›Unser Herr! *Malik* antwortet uns nicht!‹

Allah wird sprechen: ›O *Malik*! Antworte den Menschen des Feuers.‹

Also wird *Malik* fragen: ›Was ruft ihr, ihr Menschen, über die der Zorn Gottes gekommen ist, ihr Menschen des Feuers?‹

Dann werden sie ihm antworten: ›O *Malik*! Gewähre uns einen einzigen Schluck Wasser, gib uns ein wenig Erfrischung. Das Feuer hat unser Fleisch und unsere Knochen verzehrt. Unsere Häute sind versengt und unsere Knochen zerspalten. Unsere Herzen sind zertrennt. So gib uns doch einen Tropfen *Hamim**!‹

Wenn sie es jedoch in ihre Hände nehmen, werden ihre Finger davon abfallen. Wenn es ihre Gesichter berührt, werden ihre Augen und Wangen davon herabfallen. Wenn es ihre Leiber berührt, werden ihre Eingeweide und ihre Leber zerfallen.«

*

Er sagte: »Wenn die Elenden des Feuers etwas zu essen verlangen, wird man ihnen *Zaqqum* (bittere Früchte von einem Baum im Feuer) bringen. Wenn sie jedoch von diesen essen, wird der Inhalt ihres Bauches und ihres Gehirns kochen, und aus ihrem Mund werden Flammen schlagen, und ihr Körper wird zwischen ihre Füße fallen.«

*

Er sagte: »Die Elenden des Feuers werden Kleider aus Pech tragen. Wenn sie diese anziehen, werden sie ihnen die Haut abziehen.«

*

Die Elenden im Feuer sind blind. Sie sehen nicht. Sie sind stumm und sprechen nicht. Sie sind taub und hören nicht. Ein jeder, der hungrig ist, begehrt zu essen, doch nicht die Menschen des Feuers. Ein jeder, der nackt ist, verlangt nach Kleidung, doch nicht die Menschen des Feuers. Ein jeder, der tot ist, sehnt sich nach Leben, doch nicht die Menschen des Feuers, denn diese sehnen sich nach dem Tod.

40. Über die Verschiedenheit der Strafen gemäß jedermanns Taten

Der Prophet, der Friede sei mit ihm, sagte: »Nach eintausendundsechzig Jahren werden jene meiner Gemeinde aus dem Feuer errettet werden, welche zu fett sind, welche ihre *Dîn* allzu leicht nehmen, welche, in die Gewänder des Ungehorsams gekleidet, nur das äußere Leben dieser Welt kennen und unachtsam gegenüber dem Leben der kommenden Welt sind – die also unwissend sind. Es sind die Menschen des Marktes und der Leidenschaften. Sie erwerben so viel Reichtümer wie sie begehren, und Allah bekümmert sich nicht darum, durch welches Tor sie die Hölle betreten.«

*

Allah-ta'ala sprach: »O Musa (Moses)! Hättest du geschaut, wie jene, die Mein Versprechen und Vertrauen mißachteten, auf ihren Gesichtern zur Hölle geschleift und dann ins *Jahannam* geworfen werden, worinnen ein jedes ihrer Glieder und jede ihrer Adern an einen anderen Ort zerstreut werden und das Feuer zu ihnen spricht: ›Wehe jenen, die das Vertrauen und das Versprechen mißachteten!‹ – du hättest sie am Baume der *Zaqqum* gekreuzigt gesehen. Das Feuer dringt in sie durch ihre Rücken ein und züngelt alsdann aus ihren Mündern und Ohren und Augen heraus.«

Allah-ta'ala sprach: »O Musa! Hättest du denjenigen geschaut, der Mein Versprechen und Vertrauen mißachtete, du hättest ihn in Begleitung *Shaitans* gesehen, in Ketten und Eisen, welche an seine Zunge gelegt sind; du hättest ihn erschaut, wie sein Gehirn aus seinen Nasenlöchern fließt, und er nicht eine einzige Sekunde zu schlafen vermöchte, noch einen einzigen Augenblick lang Ruhe findet. Gleich dem *Kafir,* der

Schutz vor der Strafe des Todes verlangt, wird jener, welcher das Versprechen und Vertrauen mißachtet, Schutz vor der Strafe des Todes suchen. Der Wüstling, der Wucherer und jener, der das Gebet *(Salat)* vergaß, sie alle werden lange Zeit im Feuer bestraft werden.«

Allah-ta'ala sprach: »O Musa! Wären die Ozeane Tinte und die Bäume Schreibfedern, und würden alle *Jinnen* und Menschen schreiben, die Schreibfedern wären gänzlich abgenutzt, alle *Jinnen* und Menschen wären erschöpft, und die Tinte wäre verbraucht, bevor sie die Länge der Dauer *Jahannams* hätten niederschreiben können.« Dieses ist Sein Wort, möge Er gepriesen sein:

> *Sie werden Jahrhunderte darin verweilen, und werden weder Kühle noch irgendeinen Trank schmecken, außer Hamim und Eiter als einer angemessenen Vergeltung.*
>
> (78,23)

Der Prophet, der Friede sei mit ihm, fragte Jibril: »Wie lange währet die Zeit?«

Jibril antwortete ihm: »Viertausend Jahre.«

Alsdann fragte er ihn: »Wie viele Monate hat das Jahr?«

Er antwortete: »Viertausend Monate.«

Dann fragte er, der Friede sei mit ihm: »Wie viele Tage hat ein Monat?«

Er antwortete: »Viertausend Tage.«

Alsdann fragte er: »Wie viele Stunden hat ein Tag?«

Er antwortete ihm: »Siebzigtausend Stunden, und eine jede Stunde ist ein Jahr der Jahre dieser Welt.«

*

Von Abu Hurayra, möge Allah zufrieden mit ihm sein, wird überliefert, der Prophet, der Friede sei mit ihm, habe gesagt: »Wenn der Tag der Auferstehung kommt, dann wird etwas, welches *Harish** genannt wird, aus dem Feuer hervorkommen. Daraus werden Skorpione geboren werden. Sein Kopf wird sich im siebenten Himmel befinden, doch sein Schwanz unter der niedersten Erde. Es wird siebzigmal ausrufen: ›Wo ist derjenige, der sich dem Allbarmherzigen widersetzte? Wo ist derjenige, der Krieg gegen den Allbarmherzigen führte?‹

Jibril, der Friede sei mit ihm, wird ihn alsdann fragen: ›Was wünschest du, o *Harish*?‹

Er wird ihm antworten: ›Ich verlange nach Fünfen: Wo ist derjenige, der das Gebet vergaß? Wo ist derjenige, der *Zakat* zurückhielt? Wo ist derjenige, der Wein trank? Wo ist derjenige, der Wucherei betrieb? Wo ist derjenige, der in den Moscheen über weltliche Dinge sprach?‹ Alle jene wird er in seinem Mund versammeln und mit ihnen ins *Jahannam* zurückkehren.«

Wir suchen Zuflucht in Allah vor dem Elend!

41. Über den Zustand der Weintrinker

Von Ubaiy ibn Ka'b wird berichtet, der Prophet, der Friede sei mit ihm, habe gesagt: »Wenn der Tag des Gerichtes für den Weintrinker kommt, dann wird ihm sein Krug um den Hals gehängt und seine *Tunbur* (Mandoline) auf die Schultern gelegt, bis er aus Furcht vor dem Feuer ganz steif geworden ist. Ein Ruf wird ertönen: ›Dieses ist Der-und-der aus dem Ort So-und-so!‹ Der Geruch des Weines wird seinem Mund entströmen und die Versammelten dermaßen belästigen, daß sie vor seinem stinkenden Atem Beistand suchen bei Allah.

Alsdann gehen die Weintrinker ins Feuer. Hat man sie in die Hölle geworfen, dann rufen sie eintausend Jahre lang aus: ›Wehe uns für unseren Durst!‹ Dann werden sie nach *Malik* rufen, doch er wird ihnen achtzig Jahre lang nicht antworten. Ihr Schweiß wird stinken und ihre Nachbarn belästigen. Deshalb werden sie ausrufen: ›Unser Herr! Befreie uns von dieser Ausdünstung!‹ Doch Er wird sie nicht davon befreien. Dann wird man sie im Feuer belassen, bis sie zu kochendem Wasser *(Hamim)* und dann zu einer neuen Schöpfung geworden sind. Daraufhin wird man sie mit gefesselten Händen auf ihren Gesichtern ins Feuer schleifen.

Suchen sie Linderung durch einen Trunk, wird man ihnen *Hamim*-Wasser zu trinken geben. Trinken sie es, dann wird es ihre Eingeweide zerreißen. Suchen sie Linderung durch Essen, dann wird man ihnen *Zaqqum* bringen. Essen sie davon, dann wird, was sich in ihrem Leib und Gehirn befindet, zu kochen anfangen. Flammen werden aus ihren Mündern und Eingeweiden hervorzüngeln, und ihre Eingeweide werden zwischen ihre Füße fallen. Alsdann wird ein jeder von ihnen eintausend Jahre lang in einem Käfig aus glühenden Kohlen gefangengehalten werden. Nach eintausend Jahren wird ein jeder von ihnen seinen Käfig verlassen, um in ein Gefängnis aus Feuer gesetzt und mit Feuer gefesselt zu werden. So werden sie eintausend Jahre lang ausrufen: ›Wehe uns wegen unseres Durstes!‹ Ihnen wird keinerlei Gnade zuteil werden.

Schlangen und Skorpione, groß wie Kamele, wird es in ihrem Gefängnis geben, welche ihre Füße mit den Zähnen zerreißen. Und sie werden nicht kämpfen. Alsdann wird man eine Feuerkrone auf das Haupt eines jeden Weintrinkers setzen, Eisen um seine Fußgelenke schlagen, Ketten um seinen Hals legen und seine Hände mit Handschellen fesseln. Erst nach eintausend Jahren wird er aus seinem Gefängnis entkommen! Dann wird er ins *Wayl* geworfen. Das ist eines der Täler *Jahannams*. Seine Hitze ist mächtig, und sein Abgrund ist tief. Vielerlei Schlangen und Skorpione hausen darinnen. Im *Wayl* wird er eintausend Jahre lang weinen.«

Alsdann werden die Weintrinker ausrufen: »O Mohammed!«

Er wird sie hören und sprechen: »O Herr! Ich habe die Stimme eines Menschen meiner Gemeinde gehört.«

Allah-ta'ala wird ihm antworten: »Es ist die Stimme eines Menschen, welcher Wein in der Welt trank, und starb, während er betrunken war. Und betrunken wurde er zum Ort der Versammlung geschickt.«

Er, der Friede sei mit ihm, wird bitten: »O Herr! Befreie ihn auf meine Fürsprache aus dem Feuer!« Hierdurch wird er nicht auf immer im Feuer verbleiben.

42. Über die Erlösung aus dem Feuer

Eintausend Jahre lang werden die Menschen im Feuer rufen: »Du Mitleidvoller! Du Großzügiger!«, und eintausend Jahre lang: »Du Lebendiger! Du Aus-Dir-selbst-Bestehender«, und eintausend Jahre lang: »Du Barmherzigster der Barmherzigen!« Alsdann wird Allah-ta'ala Gericht halten und sein Urteil sprechen. Er wird Jibril herbeirufen und fragen: »O Jibril! Was haben die Ungehorsamen aus der Gemeinde Mohammeds getan?«

Er wird Ihm antworten: »Mein Gott, Du kennest ihren Zustand besser als ich.«

Er wird ihn heißen: »Beeile dich nachzuschauen, in welchem Zustand sie sich befinden.«

Also wird Jibril zu *Malik* eilen, während sich dieser auf einer *Minbar** inmitten *Jahannams* befindet. Wenn *Malik* Jibril erblickt, der Friede sei mit ihm, wird er aufstehen, um ihn zu ehren. Alsdann wird er fragen: »O Jibril! Warum bist du eingekehrt in diese Stätte?«

Er wird ihm antworten: »Was hast du den Ungehorsamen der Gemeinde Mohammeds, der Friede sei mit ihm, angetan?«

Er wird ihm antworten: »Wie elend ihr Zustand ist! Wie eng ihr Aufenthaltsort! Das Feuer hat ihre Körper verbrannt und ihr Fleisch zerfressen! Nur ihre Haut und ihr Herz ist verblieben, in dem das Licht des *Imam* schimmert.«

Jibril, der Friede sei mit ihm, wird sprechen: »Hebe den Schleier, damit ich sie betrachten kann!«

Also wird *Malik* den Wächtern befehlen, den Schleier von ihnen zu heben. Wenn sie Jibril, der Friede sei mit ihm, erblikken und ihn als das schönste der Geschöpfe erkennen, werden sie wissen, daß er keiner der Strafengel ist. Alsdann werden sie fragen: »Wer ist dieser Knecht, desgleichen an Schönheit noch keiner hierher gelangt ist?«

Malik wird ihnen antworten: »Es ist Jibril, der Friede sei mit ihm. Er ist es, der Mohammed die Offenbarung brachte.«

Wenn sie den Namen Mohammeds hören, werden sie alle beginnen, zu schreien und zu weinen, und ihn bitten: »Richte Mohammed von uns Friedensgrüße aus und berichte ihm vom Elend unseres Zustandes! Er hat uns vergessen und uns dem Feuer überlassen!«

Alsdann wird Jibril eilen, bis er vor Allah-ta'ala steht, und Dieser wird ihn befragen: »Wie fandest du die Gemeinde Mohammeds vor?«

Jibril wird Ihm antworten: »O Herr! Wie elend doch ihr Zustand ist und wie eng ihr Aufenthaltsort!«

Allah-ta'ala wird ihn fragen: »Baten sie dich um irgend etwas?«

Er wird Ihm antworten: »Ja, o Herr! Sie baten mich, Mohammed Friedensgrüße auszurichten und ihm vom Elend ihres Zustandes zu berichten.«

Da wird Allah-ta'ala sprechen: »Eile zu ihm und berichte es ihm!«

Also wird Jibril, der Friede sei mit ihm, weinend zum Propheten eilen. Er, der Friede und Segen Allahs seien mit ihm, wird derweil im Garten unter dem *Tuba*-Baum in einem Zelt aus weißem Perlmutter mit viertausend Türen weilen, deren jede zwei Flügel aus Gold und weißem Silber hat.

Der Prophet wird ihn fragen: »Warum weinst du, mein Bruder Jibril?«

Jibril wird ihm antworten: »O Mohammed, hättest du gesehen, was ich geschaut habe, du würdest noch mehr weinen als ich! Gerade bin ich von den Ungehorsamen deiner Gemeinde gekommen, welche bestraft werden, und sie sandten Friedensgrüße an dich und klagten, wie elend ihr Zustand und wie eng ihr Aufenthaltsort sei. Sie rufen dabei: ›O wehe uns, Mohammed!‹«

(Jibril wird ihn bitten: »Höre auf ihre Rufe – sie rufen: ›O wehe uns, Mohammed!‹«)

Also wird der Prophet, der Friede sei mit ihm, sie hören und zu ihnen sprechen: »Zu euren Diensten, zu euren Diensten, o meine Gemeinde!« Der Prophet wird aufstehen und weinen und mit den anderen Propheten hinter sich vor den Thron treten. Dort wird er sich vor Allah-ta'ala niederwerfen und Allah-ta'ala preisen, wie ihn niemals zuvor jemand gepriesen hat.

Also wird Allah-ta'ala sprechen: »O Mohammed! Erhebe deinen Kopf und bitte, auf daß Ich dir gewähre! Halte Fürbitte für sie! Deine Fürbitte wird angenommen werden!«

Der Prophet, der Friede sei mit ihm, wird ihn bitten: »O Herr! Dein Urteilsspruch über die Elenden meiner Gemeinde ist ausgeführt worden. Durch Deinen Befehl sind sie gerichtet, und Deine Rache hat sie getroffen. So laß mich Fürbitte für sie einlegen!«

Also wird Allah-ta'ala sprechen: »Du hast Fürbitte für sie eingelegt.«

Alsdann wird der Prophet, der Friede sei mit ihm, mit allen Propheten zum Feuer gelangen, um alle die daraus zu befreien, die zu sagen pflegten: *»Lâ ilâha illâ 'Llâh, Muhammadûn Rasulullâh.«*

Also wird der Prophet ins *Jahannam* eilen. Wenn *Malik* ihn erblickt, wird er sich erheben, um ihn zu ehren. Der Prophet wird ihn fragen: »Wie steht es mit den Elenden meiner Gemeinde?«

Er wird ihm antworten: »Wie elend ist doch ihr Zustand und wie eng ihr Aufenthaltsort!«

Der Prophet wird ihn heißen: »Öffne die Türe und hebe den Schleier empor.« Wenn nun die Menschen des Feuers Mohammed erkennen, der Friede sei mit ihm, werden sie allesamt ausrufen: »O wehe uns, Mohammed! Du hast uns verlassen und im Feuer vergessen!«

Also wird er sich vor ihnen entschuldigen: »Ich wußte nichts von eurem Zustand.« Alsdann werden die, die das Feuer verbrannt hatte, in großer Zahl daraus hervortreten. Alsdann wird Mohammed mit ihnen zu einem Fluß in der Nähe des Tores zum Garten eilen, welcher der Fluß des Lebens genannt wird. Darinnen werden sie baden und jung aus diesem entsteigen, bartlos und haarlos, und mit *Kajal** auf ihren Augen. Ihre Gesichter werden dem Mond gleichen. Auf ihren Brauen wird geschrieben stehen: »Diese wurden durch den Allbarmherzigen aus dem Feuer erlöst.« Alsdann werden sie in den Garten einkehren und in ihm wandeln und Allah anrufen, ihre Schuld zu tilgen. Also wird Er sie tilgen.

*

Wenn die übrigen Menschen des Feuers sehen, daß die Muslime aus dem Feuer befreit worden sind, werden sie rufen: »O wären wir doch Muslime gewesen und auch aus dem Feuer befreit worden!« Dieses ist Sein Wort, möge Er gepriesen sein:

> *Vielleicht werden die Kafirun einst wünschen,*
> *daß sie sich ergeben hätten.* (15,2)

Es heißt, der Prophet habe gesagt: »Am Jüngsten Tag wird man den Tod herbeibringen wie einen Schafbock. Es wird heißen: ›Ihr Menschen des Gartens, erkennt ihr ihn?‹

Sie werden antworten: ›Ja.‹ Sie werden ihn ansehen und erkennen, daß er der Tod ist.

Es wird heißen: ›Ihr Menschen des Feuers! Erkennt ihr ihn?‹

Sie werden antworten: ›Ja.‹ Sie werden ihn ansehen und erkennen, daß er der Tod ist. Alsdann wird er vor den Menschen des Gartens und des Feuers geopfert werden.

Dann wird es heißen: ›Ihr Menschen des Gartens, auf ewig darinnen ohne Tod! O ihr Menschen des Feuers, auf ewig darinnen ohne Tod!‹« Dies ist Sein Wort, möge Er gepriesen sein:

Warne sie vor dem Tage der Angst,
da die Entscheidung fallen wird. (19,39)

Wenn *Jahannam* herangerückt wird, so heißt es in der Überlieferung, wird es einen Seufzer ausstoßen, davon eine jede Gemeinde aus Furcht und Schrecken auf die Knie fallen wird. Dieses ist Sein Wort, möge Er gepriesen sein:

Du wirst ein jedes Volk auf den Knien humpeln sehen, wie
es zu seinem Buche einberufen wird, auf seinen Knien
einherhumpeln wird. – Heute werdet ihr für alles
Vergeltung erlangen, was ihr tatet. (45,28)

Alsdann werden sie das Feuer erblicken und sein Seufzen vernehmen, wie es Allah-ta'ala verhieß:

Sie werden sein Brodeln und Seufzen vernehmen, (25,12)

... aus einer Entfernung von fünfhundert Jahren sogar. Alsdann wird ein jeder von ihnen rufen: »Ich! Ich!« – selbst der *Khalil* Ibrahim (Abraham) und der *Kalim* Musa (Moses); doch nicht der Geliebte (Mohammed). Er, der Friede sei mit ihm, wird rufen: »Meine Gemeinde! Meine Gemeinde!« Wenn sich das Feuer nähert, wird er rufen: »O Feuer! Im Namen jener, die beteten und *Sadaqa* gaben und gottesfürchtig und geduldig waren, kehre um!« Doch es wird nicht umkehren.

Also wird Jibril, der Friede sei mit ihm, sprechen: »Im Namen jener, die unter Tränen reuig waren und über ihre falschen Taten weinten, kehre um!« Da wird es kehrtmachen, und Jibril wird die vergossenen Tränen der Ungehorsamen herbeibringen, und diese werden so lange auf das Feuer spritzen, bis es dem Feuer dieser Welt gleich geworden ist, welches durch Wasser und Erde ausgelöscht werden kann.

*

Wenn der Tag der Auferstehung gekommen ist, so heißt es in der Überlieferung, werden die Geschöpfe auf dem Platz der Versammlung versammelt werden. Und mit geöffneten Toren wird *Jahannam* zu ihrer Rechten, zu ihrer Linken und vor ihnen heranrücken und sie umzingeln. Dann werden sie den Propheten und Jibril, der Friede sei mit ihnen, um Hilfe anrufen.

Allah wird sprechen: »O Mohammed! Fürchte dich nicht! Wische den Staub von deinem Haupte!«

Also wird er den Staub von seinem Haupte wischen, und Allah-ta'ala wird aus dem Staub seines Hauptes eine Regenwolke machen, die über den Köpfen der *Mu'minun* hängen bleiben wird.

Dann wird Allah sprechen: »O Mohammed. Wische den Staub von deinem Bart.« Also wird er den Staub von seinem Bart wischen, und Allah wird aus dem Staub von seinem Bart einen Schleier machen zwischen ihnen und dem Feuer.

Alsdann wird Er ihm befehlen, den Staub von seinem Körper zu wischen. Also wird er sich den Staub vom Körper wischen, und Allah-ta'ala wird aus diesem einen Teppich unter ihren Füßen machen, welcher sie durch seine *Barakat,* der Friede sei mit ihm, vor dem Feuer von *Ladha* schützen wird.

*

In der Überlieferung heißt es, am Jüngsten Tage werde ein Knecht vortreten, dessen schlechte Taten seine guten Taten überwiegen. Deshalb wird er ins Feuer befohlen werden. Da wird eines der Haare seiner Augenwimpern sprechen: »O Herr! Dein Gesandter ist Mohammed! Er versprach: ›Wenn ein Auge aus Furcht vor Allah-ta'ala weint, dann wird Allah der Hölle verbieten, es zu berühren!‹ Ich weinte aus Furcht vor Ihm, so vergelte es mir!«

Also wird ihm Allah-ta'ala verzeihen und ihn aus dem Feuer durch die *Barakat* seines Weinens aus Furcht vor Allah in der Welt erretten. Dann wird ein Ruf erschallen: »Der-und-der ist durch die *Barakat* eines einzigen Haares errettet worden!«

43. Über die Größe der sieben Gärten

Wahb berichtete, Allah habe den Garten am Tage seiner Schöpfung in einer Breite erschaffen, die der von Himmel und Erde gleiche, aber mit einer Länge, die nur Allah-ta'ala bekannt ist. Wenn der Tag der Auferstehung gekommen ist, werden die Himmel und Erden vergehen, und ihr Raum wird eine Lücke im Garten sein. Alsdann wird ihr Raum ausgedehnt werden, um alle ihre Menschen aufzunehmen.

Alle Gärten besitzen einhundert Abstufungen, und zwischen jeder Stufe liegen fünfhundert Jahre. Ihre Flüsse fließen, und ihre Früchte hängen, zum Fallen bereit. In den Gärten befindet sich alles, was ein Ich begehrt und sein Auge erfreut. Reine Weiber, die *Huris**, leben in ihnen, welche Allah-ta'ala aus Licht erschuf:

> *Lieblich wie Rubine, schön wie Perlmutter,* (55,58)
> *(wandeln) darinnen (die Huris), mit niedergeschlagenem Blick . . .* (55,56)

Sie haben den Blick vor allen außer vor ihren Gatten niedergeschlagen. Also schauen sie niemanden an als diese.

> *. . . unberührt von jedem anderen Mann.* (55,56)

Wann immer ihr Gatte sich ihnen naht, findet er sie jungfräulich vor. Siebzig Kleider haben die *Huris* an. Ein jedes ihrer Kleider ist von einer Farbe, welche lichter ist als ein Haar auf ihrem Körper. Das Mark ihrer Beine ist durch ihr Fleisch, ihre Knochen und ihre Haut hindurch sichtbar, gleich wie roter Wein in einem Glase sichtbar ist. Die Köpfe der *Huris* sind von Perlen gekrönt, in welche Rubine eingelegt sind.

44. Über die Tore des Gartens

Ibn 'Abbas, möge Allah zufrieden mit ihm sein, sagte: »Die Gärten haben acht Tore aus juwelenbesetztem Gold. Auf dem ersten steht geschrieben: *Lâ ilâha illâ 'Llâh, Muhammadûn Rasulullâh.* Dieses ist das Tor der Propheten, der Gesandten, der Märtyrer und Großmütigen.

Das zweite Tor ist das Tor jener, die beteten, die besonders sorgfältig waren in ihrem *Wudu'* (der rituellen Waschung) und den Grundpflichten des Gebetes.

Das dritte Tor ist das Tor jener, die großzügig *Zakat* gaben.

Das vierte Tor ist das Tor jener, die das Gute befahlen und das Verwerfliche verboten.

Das fünfte Tor ist das Tor jener, die ihre Begierden ausrotteten und sich vor Leidenschaften hüteten.

Das sechste Tor ist das Tor jener, die die *Hağğ* und die *'Umra* vollzogen.

Das siebente Tor ist das Tor jener, die im *Jihad* kämpften.

Das achte Tor ist das Tor jener, die ihre Augen von den verbotenen Dingen *(Haram)* abwandten, und die gute Taten an ihren Eltern, Verwandten und den anderen taten.«

*

Es gibt acht Gärten. Der erste ist die Wohnstatt der göttlichen Majestät. Er besteht aus weißem Perlmutter.

Der zweite ist die Wohnstatt des Friedens. Er besteht aus rotem Rubin.

Der dritte ist die Wohnstatt der Zuflucht. Er besteht aus grünem Chrysolith.

Der vierte ist der Garten der Unsterblichkeit. Er besteht aus roter und gelber Koralle.

Der fünfte ist der Garten der Glückseligkeit. Er besteht aus weißem Silber.

Der sechste ist der Garten von Firdaws. Er besteht aus rotem Gold.

Der siebente ist der Garten von 'Adn (Eden). Er besteht aus weißem Perlmutter.

Der achte ist die Wohnstatt der Ruhe. Er besteht aus rotem Gold und ist die Kuppel, die über den anderen Gärten errichtet ist. Er hat zwei Tore, deren Flügel aus Silber und Gold sind. Zwischen den beiden Torflügeln ist ein Zwischenraum wie zwischen Himmel und Erde. Dieser Garten ist aus goldenen und silbernen Ziegeln erbaut. Sein Schlamm ist aus Moschus, seine Erde aus Bernstein, und sein Stroh ist Safran. Seine Schlösser sind aus Perlmutter erbaut und seine Zimmer aus Rubin. Seine Türen bestehen aus Juwelen, und es gibt Flüsse darinnen. Einer der Flüsse ist der Fluß der Barmherzigkeit, welcher durch alle Gärten fließt. Seine Kiesel sind Perlen, von einem Weiß, heller als Schnee, und seine Wasser sind süßer als Honig. Auch fließt der Fluß der Fülle in diesem Garten; dieser ist der Fluß unseres Propheten Mohammed, der Friede sei mit ihm. Seine Bäume sind aus Perlen und Rubinen. Auch der Fluß von *Kafur* (Kampfer) fließt darinnen sowie der Fluß des *Tasnim* (Wasser, welches von oben kommt), der Fluß *Salsabil* (leicht zu schlucken) und der Fluß des versiegelten Nektars *(Ar-Rahiq al-Maktum).* Darüber hinaus gibt es dort noch Flüsse ohne Zahl.

*

In der Überlieferung heißt es, der Prophet, der Friede sei mit ihm, habe gesagt: »In jener Nacht, da Er mich in die Himmel emporhob, zeigte Er mir all die Gärten. Also sah ich vier Flüsse:

Darinnen fließen Flüsse eines ewig frischen Wassers, Flüsse aus Milch, von unveränderlichem Geschmack, und Flüsse aus Wein – eine Freude den Trinkenden, und ebenso Flüsse von reinem Honig. (47,15)

Da sprach ich: ›O Jibril! Woher kommen diese Flüsse, und wohin fließen sie?‹

Jibril, der Friede sei mit ihm, antwortete mir: ›Sie fließen zum Becken von *Kawthar**, und niemand weiß, woher sie kommen. Bitte Allah, dich zu unterrichten oder es dir zu zeigen.‹«

(Also rief er seinen Herrn, und so kam ein Engel und grüßte den Propheten. Er sprach: »O Mohammed! Schließe deine Augen!«)

»Also schloß ich meine Augen. Dann sprach er: ›Öffne deine Augen!‹ Also öffnete ich sie, und plötzlich befand ich mich an einem Baum und sah eine Kuppel aus weißem Perlmutter mit einer Türe aus grünem Korund. Ihr Schloß war aus rotem Gold. Hätten alle Menschen und *Jinnen* der Welt auf dieser Kuppel gestanden, so hätten sie doch nur einem Vogel geglichen, der auf einem Berge sitzt. Dann sah ich jene vier Flüsse unter der Kuppel fließen. Als ich umkehren wollte, sprach der Engel zu mir: ›Warum gehst du nicht hinein?‹

Ich antwortete: ›Wie kann ich hineingehen, wenn die Türe verschlossen ist?‹

Da hieß er mich: ›Öffne sie!‹

Ich fragte ihn: ›Wie kann ich sie öffnen?‹

Er erwiderte mir: ›Ihr Schlüssel ist in deiner Hand.‹

Ich fragte ihn: ›Welcher ist es?‹

Er antwortete mir: ›*Bismillahi 'r-Rahmani 'r-Rahim.*‹

Als ich mich ihr näherte, sprach ich also: ›*Bismillahi 'r-Rahmani 'r-Rahim.*‹ Da öffnete sich ihr Schloß, und ich trat in die Kuppel ein. Ich sah jene Flüsse aus den vier Ecken der Kuppel hervorfließen. Als ich die Kuppel verlassen wollte, fragte der Engel:

›Hast du gesehen und erkannt?‹
Ich antwortete ihm: ›Ja.‹
Dann sprach er: ›Schau noch einmal!‹
Als ich nunmehr hinschaute, sah ich auf die vier Ecken der Kuppel geschrieben:

بِسْمِ اللّٰهِ الرَّحْمٰنِ الرَّحِيمِ

(Bismillahi ’r-Rahmani ’r-Rahim),

und ich sah den Wasserfluß aus dem م (Mim) des *Bismillah** hervorfließen,

und den Milchfluß aus dem ه (Ha) von *Allah,*

und den Weinfluß aus dem م (Mim) von *Rahman,*

und den Honigfluß aus dem م (Mim) von *Rahim.*

Da wußte ich, daß die Quelle jener Flüsse die *Basmala** ist. Allah-ta’ala sprach zu mir: ›O Mohammed! Wer von deiner Gemeinde Mich mit diesem Namen und reinen Herzens anruft und spricht: *Bismillahi ’r-Rahmani ’r-Rahim,* den werde Ich aus jenen vier Flüssen trinken lassen.‹«

*

Am Samstag wird Allah die Menschen des Gartens vom Wasser des Gartens trinken lassen, am Sonntag werden sie seinen Honig trinken, am Montag seine Milch und am Dienstag seinen Wein. Wenn sie getrunken haben, werden sie berauscht sein. Wenn sie berauscht sind, werden sie eintausend Jahre lang fliegen, bis sie einen Berg aus reinem und scharfriechendem Moschus erreichen, unter dem hervor *Salsabil* fließt. Davon werden sie trinken, und das wird am Mittwoch sein. Alsdann werden sie eintausend Jahre lang fliegen, bis sie ein hochragendes Schloß erreichen. Darinnen sind Ruhebetten aufgestellt, und Pokale stehen bereit, wie in den *Ayat** des Koran. Darauf wird ein jeder von ihnen auf einem Ruhebett liegen, und ein Trank von *Zanjabil* (Ingwer) wird zu ihnen herabkommen, und sie werden trinken. Das wird am Donnerstag sein. Danach wird eine weiße Wolke eintausend Jahre lang Juwelen auf sie regnen. Ein jedes Juwel wird von einer *Huri* begleitet sein. Alsdann werden sie eintausend Jahre lang fliegen, bis sie den Sitz der Wahrhaftigkeit erreichen, und das wird am Freitag sein. Dort werden sie am Tische der Unsterblichkeit sitzen und *Rahtq* (Nektar), welcher mit einem Siegel aus Moschus versiegelt ist, wird auf sie herabfallen. Sie werden die Siegel brechen und von ihm trinken.

Der Prophet, der Friede sei mit ihm, sagte: »Es sind jene, die gute Taten übten und Taten des Ungehorsams vermieden.«

45. Über die Bäume und die Huris des Gartens

Ka'b, möge Allah zufrieden mit ihm sein, sagte: »Ich befragte den Gesandten Allahs über die Bäume des Gartens, und er, der Friede sei mit ihm, sagte mir: ›Ihre Zweige vertrocknen nicht, noch fallen ihre Blätter ab, noch verschwinden ihre Früchte. Der zahlreichste der Bäume des Gartens ist der *Tuba*-Baum. Seine Wurzel ist aus Perlmutter, sein Stamm aus Rubin; seine Zweige aus Chrysolith, und seine Blätter sind aus Seide und Brokat. Siebzigtausend Zweige wachsen auf ihm, und sie sind verbunden mit einem der Beine des Thrones. Die nächstgelegenen seiner Zweige befinden sich im nächsten Himmel. Es gibt keinen Raum, keine Kuppel und keinen Baum im Garten, die nicht von einem Zweig des *Tuba*-Baumes beschattet würden. Auf ihm wachsen Früchte, deren Seltenheit in dieser Welt begehrt ist, doch welche gewiß in dieser Welt nicht sind. Seine Wurzeln sind im Himmel, und sein Licht erreicht jede Ecke der Welten.‹«

*

'Ali, möge Allah zufrieden mit ihm sein, sagte: »Überlieferungen haben uns erreicht, welche berichten, die Wurzeln der Bäume des Gartens seien aus Silber, einige ihrer Blätter seien silbern, die anderen golden. Sind die Wurzeln des Baumes aus Gold, dann sind seine Zweige aus Silber. Sind die Wurzeln des Baumes aus Silber, dann sind seine Zweige aus Gold.«

Die Bäume dieser Welt haben ihre Wurzeln in der Erde, ihre Zweige dagegen in der Luft, da diese die Wohnstatt des Vergehens ist. Die Bäume des Gartens gleichen dem nicht. Ihre Wurzeln reichen in die Luft, ihre Zweige in die Erde; wie es Allah-ta'ala verhieß:

Ihre Trauben zum Greifen nahe (69,23)

... das bedeutet, ihre Früchte sind nahe.

Esset und trinket mit gesundem Appetit, für alles, was ihr tatet lange zuvor, in vergangenen Tagen. (69,24)

Die Erde in den Gärten besteht aus Moschus, Bernstein und Kampfer. Ihre Flüsse sind aus Milch, Honig, reinem Wasser und Wein. Bläst der Wind, so schlagen die Blätter der Bäume aneinander, mit einem Geräusch von einer Schönheit, wie man sie gleichartig niemals zuvor gehört hat.

*

In einer *Isnad* (Überlieferungskette) 'Alis, möge Allah zufrieden mit ihm sein, sagte der Prophet, der Friede sei mit ihm: »Ein Baum steht im Garten, aus dessen Krone Ehrgewänder hervortreten, und aus dessen Stamm geflügelte Pferde hervorkommen, welche mit Sätteln gesattelt sind, die mit Perlmutter und Rubinen beschlagen sind. Sie lassen weder Dung fallen, noch urinieren sie. Die *Awliya** (Freunde) Allahs reiten sie und fliegen mit ihnen im Garten umher. Jene auf einer niedereren Stufe als diese werden sagen: ›O Herr! Aus welchem Grunde hast Du jenen Deiner Diener ein solches *Karamat* (Wunder) geschenkt?‹

Allah-ta'ala wird ihnen antworten: ›Sie sind jene, die beteten, während ihr schliefet, die fasteten, während ihr aßet, die im *Jihad* kämpften, während ihr mit euren Frauen saßet, und die ihren Reichtum auf dem Wege Gottes verteilten, während ihr knauserig wart.‹«

*

Abu Hurayra, möge Allah zufrieden mit ihm sein, überliefert, der Prophet, der Friede sei mit ihm, habe gesagt: »Ein Baum steht im Paradiese. Und ein Reiter könnte einhundert Jahre lang in dessen Schatten reiten und diesen doch nicht verlassen.« Wie Allah-ta'ala sprach:

Unter ausgebreitetem Schatten und bei fließendem Wasser
und reichlichen Früchten, unaufhörlichen,
unverbotenen. (56,31)

Dieser Schatten ähnelt dem in dieser Welt vor dem Aufgang der Sonne und nach ihrem Untergang, bis die Trennung von Dunkelheit und Licht vergeht und die Schwärze der Nacht die Welt umgibt. Gleichermaßen breitet sich der Schatten aus, wie es Allah-ta'ala verhieß:

Habet ihr euren Herrn nicht betrachtet,
wie Er den Schatten ausbreitete? (3,19)

Damit ist die Zeit vor dem Aufgehen der Sonne gemeint und die nach ihrem Untergehen, bis der Schatten in die Schwärze der Nacht übergeht.

*

Es heißt, der Prophet, der Friede sei mit ihm, habe gesagt: »Soll ich euch von einer Stunde berichten, welche den Stunden des Gartens am meisten gleicht? Es ist die Stunde vor dem Aufgehen der Sonne – wenn sich ihr Schatten ausbreitet.«

*

In einer anderen Überlieferung sagte der Prophet, der Friede sei mit ihm: »Allah-ta'ala erschuf die Gesichter der *Huris* aus vier Farben: Weiß, Grün, Gelb und Rot. Ihre Körper erschuf Er aus Safran, Moschus, Bernstein und Kampfer. Ihr Haar erschuf er aus roher Seide. Von den Zehen bis zu den Knien bestehen sie aus Safran und Duft. Von den Knien bis zu den Brüsten bestehen sie aus Moschus, von den Brüsten bis zum Hals aus Bernstein und vom Hals bis zu ihren Köpfen aus Kampfer. Hätten sie in der Welt einmal gespien, ihr Speichel wäre zu Moschus geworden. Auf ihre Brüste ist der Name ihres Gatten geschrieben, sowie einer der Namen Allah-ta'alas. An jedem Handgelenk tragen sie zehn goldene Armreifen, an jedem Finger zehn Ringe und an jedem Fußgelenk zehn Fußreifen aus Juwelen und Perlen.

*

Von Ibn 'Abbas, möge Allah zufrieden mit ihm sein, wird überliefert, der Prophet, der Friede sei mit ihm, habe gesagt: »Es leben *Huris* im Garten, welche *'Ayn* genannt werden. Sie wurden aus vier Stoffen erschaffen: Moschus, Kampfer, Bernstein und Safran. Ihr Lehm wurde mit dem Wasser des Lebens geknetet. Alle *Huris* lieben ihre Gatten. Hätte eine von ihnen nur ein einziges Mal ins Meer gespien, das Wasser des Meeres wäre süß von ihrem Speichel geworden. Auf ihren Brüsten steht geschrieben: ›Wer meinesgleichen zu haben wünscht, laß ihn wirken im Gehorsam gegenüber seinem Herrn.‹«

*

In einer Überlieferung von Ibn Mas'ud, möge Allah zufrieden mit ihm sein, heißt es, der Prophet, der Friede sei mit ihm, habe gesagt: »Als Allah-ta'ala den Garten von 'Adn erschuf, rief er Jibril zu sich und sprach: ›Eile zum Garten und schaue, was Ich für Meine Freunde und Knechte geschaffen habe.‹

Jibril ging und umkreiste jene Gärten. Da erschien ein Sklavenmädchen der *Huris* vor ihm und lächelte ihn an. Sofort wurde der Garten von 'Adn mit dem Licht des Lichtes ihrer Mittelzähne erfüllt. Da warf sich Jibril nieder und glaubte, jenes Licht sei vom Licht des Herrn der Allmacht gekommen.

Das Sklavenmädchen rief ihm zu: ›Du Vertrauter Allahs! Erhebe dein Haupt!‹

Da erhob er sein Haupt und betrachtete sie.

Alsdann sprach er: ›*Subhanallah!* Wer erschuf dich?‹

Das Sklavenmädchen antwortete ihm: ›Du Vertrauter Allahs, weißt du, *für wen* ich geschaffen wurde?‹

Er antwortete ihr: ›Nein.‹

Da sprach sie: ›Allah erschuf mich für denjenigen, welcher die Freude Allah-ta'alas den Launen seiner *Nafs** vorzieht.‹«

*

Bezüglich dieses Gegenstandes heißt es in der Überlieferung, der Prophet, der Friede sei mit ihm, habe gesagt: »Im Garten sah ich die Engel Schlösser bauen, indem sie abwechselnd einen Ziegel aus Gold und einen Ziegel aus Silber aufeinanderlegten. Während sie dieses taten, unterbrachen sie ihre Arbeit plötzlich. Ich fragte sie: ›Warum hört ihr auf zu bauen?‹

Da antworteten sie mir: ›Unsere Unterstützung ist beendet.‹

Da fragte ich sie: ›Welcher Art ist eure Unterstützung?‹

Da antworteten sie mir: ›Der *Dhikr'ullah;* der Besitzer dieser Schlösser übte den *Dhikr'ullah.* Als er aufhörte, den *Dhikr'ullah* zu üben, hörten wir auf zu bauen.‹«

*

In einer Überlieferung heißt es, daß Allah-ta'ala einen jeden Seiner Knechte, welcher im Monat *Ramadan* fastet, mit einer *Huri* in einem Höhlenzelt aus weißem Perlmutter vermählen wird; wie Allah-ta'ala es verhieß:

> *Huris, welche sich in kühlen Zelten vor der Welt zurückgezogen haben.* (55,72)

Das heißt, sie haben sich einsam abgesondert und verschleiert. Jede der Frauen trägt siebzig Ehrgewänder, und ein jeder Mann besitzt siebzig Liegestätten aus rotem Rubin. Auf jeder Liegestatt liegen siebzig Bettdecken, und auf jeder dieser Bettdecken liegt eine Frau. Jede dieser Frauen verfügt über siebzig Dienerinnen, und eine jede Dienerin ißt von goldenen Tellern mit einem goldenen Besteck. Ihrem Gatten hat man desgleichen gegeben. Alles das ist für denjenigen bestimmt, welcher im Monat *Ramadan* fastet, und ist dem gemäß, was er in diesem an guten Taten tut.

46. Über die Menschen des Gartens und ihre Seligkeit

In der Überlieferung heißt es, hinter der *Sirat* lägen Wüstenlandschaften, in welchen es schattenspendende Bäume gebe. Unter jedem Baum befinden sich zwei Wasserquellen, welche aus den Gärten hervorströmen, eine zur Rechten und eine zur Linken. Wenn nun die *Mu'minun* die *Sirat* überschritten haben, nachdem sie aus ihren Gräbern zum Gericht auferstanden sind, in der Hitze gestanden haben, ihre Bücher gelesen haben und an den Feuern vorbeigekommen sind, dann gelangen sie in diese Wüste und trinken aus einer der Quellen.

Wenn das Wasser der Quelle ihre Brust erreicht, wird alles, was sich an Haß, Falschheit und Neid in ihnen befindet, hervorkommen und von ihnen schwinden. Wenn es ihren Bauch erreicht, so wird alles, was an Verdorbenheit, Gift und Urin in ihnen ist, hervorkommen. Also wird ihr Äußeres und Inneres gereinigt. Alsdann gelangen sie zu der anderen Quelle; sie werden darin baden, wovon ihre Gesichter schön wie der volle Mond werden. Ihre *Nafs* werden geläutert und ihre Körper angenehm wie Moschus.

So werden sie das Tor des Gartens erreichen, dessen Türklopfer aus rotem Rubin besteht. Mit diesem werden sie anklopfen, und die *Huris* werden sie mit Tellern in ihren Händen empfangen. Eine jede *Huri* wird auf ihren Meister zugehen, ihn umarmen und ihn anreden: »Du bist mein Geliebter. Du gefällst mir sehr, und ich werde dich auf immer lieben.« Dann wird sie mit ihm in den Garten eintreten.

*

Im Haus befinden sich siebzig Ruhebetten. Auf jedem Ruhebett liegen siebzig Bettdecken. Auf jeder Bettdecke liegt eine

Huri, welche siebzig Gewänder trägt. Das Mark ihrer Beine ist durch ihre feinen Gewänder zu sehen. Würde nur ein einziges Haar der Frauen der Menschen des Gartens auf die Erde fallen, es würde allen Menschen auf der Erde Licht gegeben.

*

Der Prophet, der Friede sei mit ihm, sagte: »Die Kleider des Gartens leuchten wie die Sonne. Im Garten gibt es keine Nacht und keinen Schlaf, denn der Schlaf ist der Bruder des Todes. Die Einfriedung des Gartens ist unüberwindlich, und ihre Mauern umgeben den gesamten Garten. Die erste Mauer ist aus Silber, die zweite aus Gold, die dritte aus Chrysolith und die vierte aus Perlmutter, die fünfte aus einer anderen Art von Perlmutter, die sechste aus Rubin und die siebente aus glitzerndem Licht. Zwischen den Mauern liegt jeweils eine Entfernung von fünfhundert Jahren. Die Menschen des Gartens sind bartlos und haarlos und mit *Kajal* auf ihren Augen. Die Männer tragen grüne Schnauzbärte, und ihre Gesichter sind ganz ohne Haar. Die Frauen dagegen haben keine grünen Schnauzbärte, so daß man sie von den Männern unterscheiden kann.«

*

In der Überlieferung heißt es, jeder Mensch des Gartens trage siebzig Gewänder. Ein jedes dieser Gewänder wechselt jede Stunde seine Farbe in bis zu siebzig Schattierungen. Das Gesicht eines Mannes ist im Gesicht seiner Frau zu sehen und ihr Gesicht in dem ihres Gatten. Auch ihre Brüste und Schenkel sind auf seiner Brust und seinen Schenkeln widergespiegelt. Sie speien nicht, noch schnäuzen sie sich. Die einzigen Haare, die sie besitzen, sind die der Brauen, des Kopfes und der Wimpern.

*

Von Abu Hurayra, möge Allah zufrieden mit ihm sein, wird überliefert: »Bei Ihm, Der Seinem Propheten das Buch offenbarte: Die Menschen des Gartens wachsen in Schönheit und Stattlichkeit Tag für Tag, so wie die Kinder in dieser Welt wachsen. Einem einzigen Mann ist beim Essen und Trinken und der sexuellen Befriedigung die Kraft von einhundert Männern gegeben. So gibt er sich für eine bestimmte Zeitspanne der körperlichen Liebe hin, wie es auch die Menschen dieser Welt tun. Diese Zeit beträgt achtzig Jahre, und es gibt keinen Samenerguß noch ein Verlangen. Auch findet er jeden Tag einhundert verschiedene Arten von Speisen vor.«

*

Ibn 'Abbas, möge Allah zufrieden mit ihm sein, sagte: »Der *Wali* (Freund) Allahs wird an Speisen essen, was er sich wünscht. Wenn er sich nach einem Essen sehnt, wird Allah-ta'ala befehlen, ihm Speisen darzubieten. Alsdann wird man ihm siebzig Teller und siebzig Becher aus Perlmutter und Rubin bringen. Auf jedem Tisch werden eintausend Goldteller stehen, wie Allah-ta'ala es verhieß:

> *Schüsseln und Becher aus Gold werden unter ihnen*
> *kreisen, und darinnen wird alles sein, was die Seelen*
> *begehren und woran die Augen sich ergötzen –*
> *Darinnen sollt ihr ewig weilen.* (43,71)

Auf jedem der Teller sind solche Speisen, die weder ein Feuer berührt, noch ein Koch gekocht hat, und die auch nicht in kupfernen Kesseln noch in anderen Töpfen zubereitet worden sind. Allah-ta'ala spricht nur: ›Sei!‹ – und es ist, ohne jegliche Anstrengung oder Ermüdung.

Alsdann ißt der *Wali* Allahs, was immer er sich von jenen Platten wünscht. Ist er gesättigt, so steigen die Vögel des Paradieses, groß wie Winterkamele, zu ihm hinab. Diese werden ihre Flügel über den Kopf des *Wali* ausbreiten und ihn anreden: ›Mein ganzes Fleisch ist zart, o *Wali* Allahs! Ich bin Der-und-Der. Ich habe vom Wasser *Salsabils* und *Kafurs* getrunken und in den Wiesen des Gartens gegessen!‹

Dann wird sich der *Wali* Allahs nach dem Fleische der Vögel sehnen. Also wird Allah-ta'ala befehlen, daß sie in jeglicher gewünschten Farbe auf seine Tafel fallen. Sie werden bereits gebraten sein, und der *Wali* Allahs wird von ihrem Fleisch essen. Alsdann werden sie, mit der Erlaubnis Allahs, erneut zu Vögeln des Gartens.

Die Nahrung der Menschen des Gartens geht niemals aus. Ißt der *Wali* davon, so nimmt sie hierdurch kein bißchen ab. Ihr *Mithal* in dieser Welt ist der Koran: die Menschen lernen und lehren ihn, und er befindet sich in einem Zustande, in welchem nichts von ihm vermindert wird.«

*

Der Prophet, der Friede und Segen Allahs seien mit ihm, sagte: »Die Menschen des Paradieses essen und trinken; alsdann kommen ihre Speisen aus ihnen heraus wie der Duft von Moschus. Dieses währet bis zur nach-unendlichen Zeit der nach-unendlichen Zeit.«

MEDITATIVE ÜBUNGEN ZUR VORBEREITUNG AUF DEN TOD

Das große Tor für die Toten ist die *Sura Ya Sîn* des Koran. Es ist Brauch, diese Sura zur Zeit des Todes eines geliebten Menschen zu rezitieren. Ihre Macht ist zweifacher Art. Sie unterweist den Trauernden über das wahre Wesen des menschlichen Lebens und ist von einer überwältigenden, den Trauernden tröstenden Kraft. Für den Toten im *Barzakh* ist sie andererseits eine Bestätigung dafür, daß er tatsächlich gestorben ist. Denn es ist nichts Ungewöhnliches, daß ein erst kürzlich Verstorbener nicht begreifen kann, daß er den körperlichen Zustand verlassen hat und in den *Barzakh* gelangt ist. Das Geheimnis der *Sura Ya Sîn* dringt in seinen *Ruh* ein, bestätigt einerseits seinen Tod und übermittelt ihm andererseits kraft ihrer Rezitation die Barmherzigkeit Gottes.

Während des Begräbnisses ist die Rezitation der *Shahada* durch die Trauernden auf dem Wege zum Grabe eine Erinnerung der Toten an die Antwort, welche sie dem Befragungsengel im Zwischenreich zu geben haben – für den Fall, daß entweder die Art des Todes oder der Zustand des *Ruh* beim Tode den Verstorbenen diese hat vergessen lassen.

Für die Lebenden war es stets eine Übung der Sufis – in Befolgung der Anweisungen der *Hadithen* des Propheten, der Friede sei mit ihm –, häufig des Todes zu gedenken. Vom zweiten *Khalifen,* Seyyidnia 'Omar, möge Allah zufrieden mit ihm sein, wird berichtet, er habe einen Ring getragen, in den eingraviert war: Gedenke des Grabes! Um ihnen die Reise nach dem Tode zu erleichtern, trug unser *Sheikh* und Meister Sidi Mohammed ibn al-Habib, möge ihm Allah Licht in seinem Grabe schenken, seinen *Muriden** auf, das Wort MAWT (Tod) regelmäßig zwanzigmal hintereinander zu rezitieren.

Dabei vergegenwärtigt sich der *Murid* zwischen den einzelnen Rezitationen jedes einzelne Stadium dieser Reise:

1. Die Befragung im Grabe
2. Die Auferstehung
3. Die Versammlung
4. Das Trinken aus der Quelle des Propheten, der Friede sei mit ihm
5. Die Fürbitte
6. Die Waage
7. Sirat
8. Die Tore des Paradieses
9. Das Ehrengewand
10. Die Schau des Antlitzes*

Auf diese Übung sollte die Rezitation der *Sura Ya Sîn* folgen.

* Diese letzte Vergegenwärtigung bedeutet keine inhaltliche Kontemplation dieser geistigen Schau, da eine solche Kontemplation des Wesens Gottes vom Propheten, der Friede sei mit ihm, verboten wurde. Hier geht es nur darum, zu erkennen, daß das versprochene Ende der Reise eine erhabene geistige Schau ist, welche jenseits gedanklichen Begreifens und sinnlicher Faßbarkeit ist. Wie der Koran es sagt:

Die (geistige) Schau vermag Ihn nicht zu enthalten, denn
Er enthält die (geistige) Schau.

DIE WUNDER DES WEGES

Ein Auszug aus dem Diwan des
Sheikh Muhammad ibn al-Habib

Dieser Auszug aus »Die Wunder des Weges«, einer der *Kassiden** aus dem berühmten Diwan des Sheikh al-Kamil, Sidi Muhammad ibn al-Habib mit dem Titel *Das Begehren der pilgernden Muriden und das Juwel der gnostischen Reisenden,* beschreibt die Reise der Menschen des Weges.

Was die Ehrzeichen betrifft, welche er (der den Pfad betritt) in der kommenden Welt empfängt, auch sie zählen zwanzig; es sind folgende:

Ein leichter Tod, wenn das Siegel – mit Imam – aufgesetzt wird, so daß ihm gewährt wird, was er sich wünscht.

Die gute Botschaft von kühler Erfrischung, süßem Weihrauch, vom Angenommensein und dem Schutze vor Furcht:

Solcher Art ist das immerwährende Leben des Gartens in der Nähe des Barmherzigen – unermüdlich, immerwährend.

Seinem *Ruh* wird der Aufstieg, die Ehre und die Huldigung der Engel zuteil.

Die Menschen werden sich in Scharen zusammenfinden, um ihn zu ehren, wenn er zu denen gehörte, die des Vertrauens wert waren,

die Anleitung zu guten Taten gaben, wenn sie darum gefragt wurden. Selbst an den Stätten des Schreckens braucht er keine Furcht zu haben.

Sein weites Grab befindet sich in einem Hain; dort wird er sicher sein vor einer jeglichen Versuchung.

Wenn ihn die frohe Botschaft von seinem Herrn erreicht, wird er die Vertrautheit seines *Ruh* und seiner Körpergestalt erlangen.

Wo er im Garten auch zu wandeln begehrt, die Vögel werden ihn in ihrem Kropf dorthin tragen.

Am Tage der Versammlung wird er mit Ehren und einer Krone verherrlicht werden, mit Ehrengewändern und Fürbitten.

Sein Antlitz wird leuchtend weiß sein und allen denen, welche am Versammlungsorte versammelt sein werden, offenbart werden.

Er wird den Schrecken des Versammlungsortes nicht zu sehen bekommen, und er wird sein Buch in seine rechte Hand nehmen.

Er wird nicht mit Strenge zum Gericht gerufen, sondern für ihn wird es voller Schönheit und Sanftheit sein.

Seine Taten werden schwer wiegen auf der Waage, und er wird aus dem Wasserbecken des Propheten trinken, welches jeden Durst stillt.

Er wird die *Sirat* schnell und ohne Kampf überschreiten, hinüber in den Garten der Zeitlosigkeit.

Er wird nicht aufgerufen werden, seine Taten zu rechtfertigen, noch wird er für diese getadelt. Am Ort des Abwägens wird ihm kein Leid geschehen.

Er wird für das Volk und die Bruderschaft Fürbitte einlegen, und er wird in die Gewänder der Ehre und Anerkennung gekleidet werden.

Dann wird er Allah tatsächlich schauen, ohne Einschränkung oder Verdunkelung.

Das wird noch großartiger sein als die Einkehr in den Garten, wie es das Buch und die *Sunna* verkünden.

Vergesset nicht, daß Allahs Gewährung der Ehrengewänder bedingt ist . . .

durch Wissen, aufrechtes Tun und das *Dhikr,* welches seinen besonderen Rang bezeugt.

Das Ende des Pfades liegt im vollständigen Aufgehen in der unmittelbaren Schau des Schöpfers und Königs.

Habe acht, wenn du jemandem zuhörst, der dieses durch seine Beschränktheit gegenüber diesem Wissen und dieser Erhabenheit verneint.

O Herr! Möge Deine unaufhörliche Großzügigkeit unserer Bruderschaft die Reise leichtmachen.

DIE SURA YA SÎN

Die 36. Sure des Koran,
offenbart in Mekka

Im Namen Allahs, des Gnädigen, des Barmherzigen

1) Ya Sîn. Beim Koran, dem weisen.
2) Du bist einer der Gesandten
3) auf einem geraden Weg,
4) Herabgesandter des Allmächtigen, des Barmherzigen,
5) auf daß du ein Volk warnest, dessen Väter nicht gewarnt waren, so daß sie achtlos sind.
6) Das Wort hat sich in Hinsicht auf die meisten von ihnen bereits als wahr erwiesen, denn sie glauben nicht.
7) Eiserne Fesseln haben Wir um ihren Hals gelegt, welche bis an ihr Kinn reichen, so daß sie steifnackig geworden sind.
8) Und Wir haben eine Schranke vor sie gelegt und eine Schranke hinter sie, und Wir haben sie verhüllt, also sehen sie nicht.
9) Ob du sie warnest oder nicht, ihnen ist es gleich: Sie werden nicht glauben.
10) Du vermagst nur den zu warnen, welcher der Ermahnung folgt und den Barmherzigen im Verborgenen fürchtet. Gib ihnen darum frohe Botschaft von Vergebung und einem ehrenvollen Lohn.
11) Wahrlich, Wir selbst bringen die Toten ins Leben, und Wir schreiben das nieder, was sie vor sich hersenden, und gleichermaßen, was sie als ihre Fußstapfen hinterlassen. Und alle Dinge haben Wir in einem deutlichen Verzeichnis aufbewahrt.

12) Erzähle ihnen die Geschichte von den Menschen der Stadt, als die Gesandten zu ihr kamen –

13) Als Wir zwei zu ihnen schickten, verwarfen sie beide. Da stärkten Wir sie durch einen dritten, und sie sprachen: »Wir sind zu euch entsandt worden.«

14) Da antworteten jene: »Ihr seid nur Sterbliche wie wir. Der Barmherzige hat euch nichts offenbart. Das ist nichts als eine Lüge!«

15) Sie sprachen alsdann: »Unser Herr weiß, daß wir fürwahr Abgesandte sind für euch,

16) und es ist einzig unsere Pflicht, Seine Botschaft deutlich zu verkünden.«

17) Jene sprachen: »Wir erahnen ein Böses von euch. Wenn ihr nicht ablasset, so werden wir euch steinigen, und eine schmerzvolle Strafe wird euch von uns treffen.«

18) Sie antworteten ihnen: »Was ihr ahnt, liegt in euch selbst. Liegt es daran, daß ihr erinnert werdet? Doch nein, ihr seid ein zügelloses Volk.«

19) Da kam vom entferntesten Ende der Stadt ein Mann gelaufen. Er sprach: »O mein Volk, folget den Gesandten!

20) Folget jenen, welche keinerlei Lohn von euch fordern und welche rechtgeleitet sind.

21) Warum sollte ich Dem nicht dienen, Der mich erschaffen hat und zu Welchem ihr zurückgebracht werden sollt?

22) Sollte ich an Seine Stelle Götter setzen? Wollte der Barmherzige mir ein Leid zufügen, so könnte ihre Fürbitte mir nicht nützen, noch vermöchten sie mich zu erretten.

23) Dann befände ich mich in einem offenkundigen Irrtum.

24) Ich habe wahrlich an euren Herrn geglaubt: darum höret mich an!«

25) Da ward (ihm) gesagt: »Kehre ein in den Garten.« Also sprach er: »O daß mein Volk es doch wüßte,

26) wie sehr mein Herr mir vergeben und mich zu einem der Ehrenwerten gemacht hat!«

27) Und nach ihm sandten Wir gegen sein Volk kein Heer vom Himmel herab, noch werden Wir je ein solches gegen sie senden.

28) Es bedurfte nur eines einzigen Rufes, und sie waren ausgelöscht.

29) Wehe über die Knechte! Niemals kam ein Gesandter zu ihnen, den sie nicht verlacht hätten.

30) Haben sie nicht gesehen, wie viele Geschlechter Wir vor ihnen vernichtet haben, die nicht zu ihnen zurückkehren?

31) Doch alle, ohne Ausnahme, werden vor Uns versammelt werden.

32) Ein Zeichen sei ihnen die tote Erde: Wir beleben sie und Wir lassen das Korn aus ihr wachsen, von welchem sie essen.

33) Und Gärten voller Dattelpalmen und Trauben haben Wir in sie gepflanzt, und Wir ließen ihr Quellen entspringen,

34) auf daß sie deren Früchte essen möchten. Ihre Hände aber erschufen sie nicht. Wollen sie da nicht dankbar sein?

35) Preis sei Ihm, Der alles paarweise erschaffen hat von dem, was auf der Erde wächst, wie von ihnen selber und von dem, was sie nicht kennen.

36) Ein Zeichen sei ihnen die Nacht. Wir entziehen ihr den Tag, und schon sind sie in Finsternis,

37) und die Sonne eilt vorwärts zu ihrer eignen Ruhestatt. Das ist die Anordnung des Allmächtigen, des Allwissenden.

38) Und für den Mond haben Wir Häuser bestimmt, bis er wiederkehrt wie ein vertrocknetes Palmenblatt.

39) Die Sonne holt den Mond nicht ein, noch fällt die Nacht auf den Tag. Sie schweben beide in ihrem Kreis.

40) Und ein Zeichen sei ihnen, daß Wir ihre Nachkommenschaft im beladenen Schiffe trugen,

41) und für sie haben Wir ein Gleiches geschaffen, in welchem sie fahren.

42) Wenn Wir es aber wollten, so ertränkten Wir sie, und niemanden könnten sie zur Hilfe rufen, und niemand könnte sie retten,

43) außer Unsere Barmherzigkeit und Milde allein, und als eine Tröstung auf Zeit.

44) Und wenn zu ihnen gesprochen wird: »Fürchtet doch das, was vor euch ist und was hinter euch ist, auf daß ihr Barmherzigkeit findet« –

45) Doch es kam niemals ein Zeichen von den Zeichen ihres Herrn zu ihnen, von dem sie sich nicht abwandten.

46) Und wenn ihnen gesagt wird: »Gebet von dem, womit euch Allah versorgt hat«, sagen jene, welche nicht glauben, zu jenen, die glauben: »Sollten wir jene speisen, die Allah, hätte Er es gewollt, selbst gespeist hätte? Ihr befindet euch doch in einem offenkundigen Irrtum.«

47) Und sie sprachen: »Wann wird denn die Verheißung in Erfüllung gehen? Sprecht, wenn ihr die Wahrheit redet?«

48) Sie erwarten einen einzigen Schall, und der wird sie überraschen, während sie noch streiten.

49) Dann werden sie weder ihren Letzten Willen erklären noch zu ihrem Volke zurückkehren können.

50) Und dann wird die Trompete geblasen, und aus ihren Gräbern eilen sie vor ihren Herrn,

51) und sie rufen: »Wehe uns! Wer hat uns erweckt aus unserer Ruhestatt? Dieses ist, was der Barmherzige uns verhieß; die Gesandten sprachen doch die Wahrheit.«

52) Ein einziger Schall wird ertönen, und sie alle werden vor Uns versammelt werden.

53) Und am heutigen Tag soll niemandem ein Unrecht geschehen, jeder soll den Lohn erhalten für das, was er tat.

54) Jene, welche heute in den Garten einkehren, sollen wahrlich glücklich sein,

55) sie und ihre Frauen, im angenehmen Schatten, auf Ruhebetten liegend –
56) Früchte aller Arten sind für sie da und alles, wonach sie verlangen.
57) »Frieden« ist das Wort ihres Barmherzigen Herrn!
58) Doch fort mit euch heute, ihr Übeltäter!
59) Befahl Ich euch nicht, ihr Söhne Adams, Shaitan nicht anzubeten – wahrlich, er ist euer offenkundiger Feind!
60) Solltet ihr nicht Mich allein verehren? Das war der gerade Weg.
61) Und doch hat er eine Vielzahl von euch irregeführt. Hattet ihr keinen Verstand?
62) Dieses ist das Feuer, das euch verheißen ward.
63) Verbrennet heute darin, da ihr ungläubig wart.
64) Heute werden Wir eure Münder versiegeln, doch eure Hände werden zu Uns sprechen, und eure Füße werden eure Taten bezeugen.
65) Und hätten Wir gewollt, Wir hätten ihre Augen blenden können, so daß sie um den Weg hätten kämpfen wollen. Doch wie hätten sie dann sehen können?
66) Und hätten Wir gewollt, Wir hätten sie an Ort und Stelle verwandeln können, so daß sie weder vor noch zurück hätten gehen können.
67) Und jenen, den Wir alt werden lassen, dessen körperliche Beschaffenheit lassen Wir sich umkehren. Habt ihr denn keinen Verstand?
68) Und die Dichtkunst haben Wir ihn nicht gelehrt, denn für ihn ziemt sie sich nicht. Denn dies ist allein eine Ermahnung und ein deutlicher Koran,
69) daß er alle Lebendigen warne, und das Wort über die Ungläubigen in Erfüllung gehe.
70) Haben sie denn nicht gesehen, daß Wir unter den Dingen, die Unsere Hände erschufen, für sie das Vieh erschufen, das sie besitzen?

71) Und haben Wir es ihnen nicht unterwürfig gemacht, auf daß sie einige von ihnen als Reittiere halten und andere für ihre Speise?

72) Und haben sie nicht Nutzen von ihnen und auch Trank? Wollten sie also nicht dankbar dafür sein?

73) Doch sie haben Götter neben Allah genommen, daß ihnen geholfen würde.

74) In deren Macht steht es nicht, ihnen zu helfen. Sie selbst sind ein Heer, welches gegen sie steht.

75) Lasse dich daher von ihrer Rede nicht betrüben. Wir wissen, was sie bedecken und was sie bekunden.

76) Hat der Mensch nicht gesehen, daß Wir ihn aus einem Samentropfen erschufen? Und siehe, dennoch ist er ein offenkundiger Ungehorsamer.

77) Und er hat sich ein Bild gemacht von Uns und hat seine Schöpfung vergessen, wenn er spricht: »Wer vermag die Knochen zu beleben, wenn sie vermodert sind?«

78) Sprich: »Er, Der sie das erstemal erschuf, Er wird sie auch wiederbeleben. Er ist der Wissende jeglicher Schöpfung.

79) Er hat das Feuer geschaffen für euch aus dem grünen Baum. Und siehe, ihr macht euer Feuer mit diesem.

80) Ist nicht Er, Der die Himmel und Erde erschuf, imstande, ihresgleichen zu schaffen?« Ja! Denn Er ist der Schöpfer, der Allwissende.

81) Sein Befehl, so Er etwas wünschet, ist nur zu sprechen: »Sei!« – und es ist.

82) So sei Ihm denn Preis, in Dessen Hand die Herrschaft über alle Dinge lieget, und zu Welchem ihr zurückgebracht werdet!

Es gibt keinen Gott außer Gott
und Mohammed ist sein Gesandter

Glossar

Abu Bakr Erster Khalif (Nachfolger) des Propheten Mohammed
Adhan Gebetsruf des Islam
'Adn Eden
Ahadith Mehrzahl von Hadith (siehe dort); deutsch: Hadithen
Ahmad Einer der Namen des Propheten Mohammed; »der Dankende«
A'isha Lieblingsfrau des Propheten Mohammed
Akhira Die kommende Welt; das »Jenseits«
A lastu bi-Rabbikum? »Bin Ich nicht euer Herr?« (Sura 7,172). Frage Gottes im göttlichen Urvertrag
Al-Hamdu lillâhî Rabbi'l-alamîn »Dank sei Gott dem Herrn der Welten«. Ritualformel der Muslime
'Ali Vierter Khalif (Nachfolger) des Propheten Mohammed; Gatte Fatimas, der Tochter des Propheten
'Ali ibn Abi Talib siehe: 'Ali
Alif Arabischer Buchstabe »A«
'Alim Der Wissende (Mehrzahl: 'Ulama, Gemeinschaft der Wissenden)
Al-Kawthar Quelle im Garten (Paradies)
Allah-ta'ala »Allah, der Erhabene«
'Arafat Tag, an welchem sich die Pilger in der Ebene 'Arafat am zehnten Tag Duha'l-Hegga versammeln
'Ard Erde
Ar-Rahiq al-Maktum »Fluß des versiegelten Nektars«. Einer der Flüsse des Gartens (Paradieses)
Arwah Mehrzahl von Ruh (Geist, Seele)
'Ashura' Festtag am zehnten Tag Murharram (islamischer Monat)
As-salamu'aleikum »Der Friede sei mit dir!« Rituelle Begrüßungsformel der Muslime
Awliya Gemeinschaft der Heiligen des Islam. Die »Gottesnahen«, »Gottesfreunde«
Ayat Geheimnisvolle Zeichen. Bezeichnung der Verse des Koran

Baraka(t) Geistige Kraft der Sufi. Segensmacht
Basmala Bezeichnung der heiligen Formel »Bismillahi'r-Rahmani'r-Rahim« (siehe dort). Sie leitet mit wenigen Ausnahmen alle Suren des Koran ein. Es

heißt, daß in ihr der gesamte Koran enthalten sei. Der Prophet Salomon (Ṣuleyman) habe diesen heiligen Ausspruch als Zeichen und Mittel seiner Macht über die Menschen, Tiere, Jinnen und Winde von Allah-ta'ala erhalten.

Bayt al-Muqaddas »Das heilige Haus«. Bezeichnung der Ka'ba in Mekka

(Das) Besuchte Haus Die Ka'ba zu Mekka

Bilal Erster (schwarzer) Gebetsausrufer der Gemeinde des Propheten Mohammed

Bilqis Islamisch-koranischer Name der Königin von Saba

Bismillah »Im Namen Gottes«

Bismillahi'r-Rahmani'r-Rahim »Im Namen Gottes, des Gnädigen, des Allbarmherzigen!« Rituelle Erinnerungsformel der Muslime, welche vor jeglicher Handlung auszusprechen ist.

Buraq Reittier des Propheten Mohammed; silberfarbenes Mysterienwesen, welches, von Gabriel geführt, den Propheten bei seiner nächtlichen Himmelfahrt trug.

Dal Arabischer Buchstabe »D«

Danaq Islamische Münzeinheit

Dhikr (auch Sikr oder Zikr), wörtlich: »Erinnerung, Wiederholung«. Rituelle Erinnerung Gottes durch Verse des Koran oder besondere Litaneien oder Wiederholungen der Erhabenen (Schönen) Namen Gottes. Es werden wesensmäßig der laute und der stille Dhikr unterschieden.

Dhikr'ulla »Erinnerung Gottes«. Einer der Namen des Propheten Mohammed

Dhu'l-Qarnayn Häufig als Alexander der Große gedeutet. In esoterischer Sicht gilt Dhu'l-Qarnayn als das menschliche Herz. Wörtlich bedeutet es: »der doppelt Gehörnte«. Siehe Szra al-Khaf (die Höhle), 18. Sure des Koran.

Dîn Glaubensausübung, Lebensführung des gläubigen Muslim

Dirda'l Einer der Mahnengel, der den Menschen während des Monats Ramadan, dem Fastenmonat des Islam, zum Gottvertrauen aufruft.

Dirham Islamische Münzeinheit

Diwan Gedichtsammlung, auch »Rat« (z. B. *Der Diwan des Hafis*)

Du'a Bittgebet

Dunya Die »scheinhafte« Welt. Analog dem Begriff »Maya« im Buddhismus

Faqih Rechtsgelehrter

Fuqaha' Mehrzahl von: Faqih

Ghasil Totenwäscher
Ghazi Krieger
Ghazl Rituelle Totenwaschung

Ha Arabischer Buchstabe »H«
Hadith Beglaubigter Ausspruch des Propheten Mohammed; prophetische Überlieferung. Mehrzahl: Ahadith
Haĝĝ Pilgerreise nach Mekka zum Besuchten Haus (siehe dort). Eine der fünf Grundpflichten des Muslim.
Hamim Kochendes Höllenwasser
(Ya) Haqq Die Wahrheit, das Gesetz. Einer der Erhabenen Namen Gottes; von einigen Sufi für den »Höchsten Namen« (al-Ism al-A'zam) gehalten.
Haram Islamisch »verboten«
Harish Höllenwesen, welches jene Menschen vereinnahmen wird, die ihre religiösen Pflichten vernachlässigen.
Harra' Berg in der Nähe von Mekka
Hawiya Höllengrube
Helal Islamisch »erlaubt«
Higra Beginn der islamischen Zeitrechnung. Zeitpunkt der Auswanderung des Propheten Mohammed nach Medina.
Huban Einer der Namen des Hundes der Sura al-Kahf (die Höhle)
Huris Paradiesmädchen, welche immer wieder in den Zustand der Unschuld zurückkehren
Hutama Eines der Tore des Feuers (der Hölle)

'Ibida Gottesdienst, die Arten der Gottesverehrung
Iblis Bezeichnung des »gefallenen Engels« (auch »Pfau der Engel« genannt), welcher infolge seines Ungehorsams gegenüber dem göttlichen Befehl, sich vor dem Menschen zu verbeugen, bis zur Auferstehung als der »Einflüsterer« und Verführer des Menschen verflucht wurde.
Ibrahim Abraham
'Id Fest
'Illiyun Höchster und heiligster Ort des Gartens (Paradieses), auch der »siebente Himmel« genannt
Imam Tugendhaftes Vorbild, Urbild. Rituell: Vorbeter der Gemeinde
'Isa Jesus
Islam Gottergebenheit
Isnad Überlieferungskette (einer prophetischen Überlieferung)
Israfil Einer der vier Erzengel. Engel der Auferstehung
Izra'il Einer der vier Erzengel. Engel des Todes

Jahannam Das Höllenfeuer
Jahim Eines der Tore des Feuers (der Hölle)
Jibril Gabriel. Einer der vier Erzengel. Der Engel der Offenbarung
Jihad Der heilige Krieg. Sowohl als äußerer Verteidigungskrieg im Sinne islamischer Glaubensausübung, als auch im Sinne des »heiligen Krieges gegen das Ich« verstanden.
Jinaza Begräbnis
Jinnen, Jinni Die Geister. Der Muslim ist kraft des Koran zum Glauben an die Jinnen verpflichtet. Von einigen Interpreten werden die Jinnen als die Kräfte der Nafs (siehe dort), als psychische Kräfte verstanden. Es heißt, daß sie »nicht unwirklich« sind; eine ganze Sure des Koran handelt von den Jinnen (Sura Al-Jinn).

Kafir Ungläubiger. Mehrzahl: Kafirun
Kafur Kampfer
Kajal Altüberlieferte Augenschminke
Kalim »Das Wort«. Im Islam werden im Sinne des Koran Beinamen für eine Reihe von Propheten gebraucht.
Karamat Heiligenwunder
Karribiyun »Die Nahestehenden«
Kasside Rituelle Gesangsform, häufig während des rituellen Dhikr (siehe dort) gesungen
Kawthar Quelle im Garten (Paradies)
Khalifa Wörtlich: Nachfolger, Stellvertreter. Der Mensch ist im Sinne des Islam der Khalifa Gottes auf Erden. Die vier »rechtgeleiteten« Khalifa (Nachfolger) des Propheten Mohammed sind Abu Bakr, 'Othman, 'Omar und 'Ali.
Khalil »Der Freund«; siehe: Kalim
Kitab's-Suluk Das Buch der Reise
Kufr Unglaube

Ladha Eines der Tore des Feuers (der Hölle)
La ilaha illa 'Llah »Keine Gottheit außer Gott«. Die Sufi (oder Derwische) werden häufig das »Volk des La ilaha illa 'Llah« genannt. Der Prophet des Islam, Mohammed, sagte, daß das Beste, was er und die Propheten vor ihm den Menschen gebracht hätten, dieser heilige Ausspruch sei.
La ilaha illa 'Llah, Muhammadûn Rasullullâh »Keine Gottheit außer Gott, Mohammed ist Sein Prophet«. Rituelle Bekenntnisformel (Shahada) der Muslime. (Rasul ist wörtlich als »Gesandter« zu übersetzen.)

Mahabba Gottesliebe
Ma'rifa Gnosis, Gotteserkenntnis
Marut (Marut und Harut) Von Gott mit dem Auftrag, die Menschheit vor dem Schlechten zu bewahren, herabgesandte Engel, welche selbst den Schönheiten der Welt und der Frauen unterlagen. (Sure 2,102)
Ma sha'llah »Gott hat es so gewollt!« Häufiger Ausruf der Muslime, zumeist als Ausdruck des Erstaunens und der Beglückung
Maymun Mysterienwesen
Mika'il Michael. Einer der vier Erzengel. Der Engel der Versorgung und Nahrung
Mim Arabischer Buchstabe »M«
Minbar Moscheenkanzel
Mithal Vorstellung, Bild, Analogie. 'Alam al-Mithal, die »Welt der Gleichnisse« der sufischen Lehre entspricht der »Welt der Einbildung und Vorstellung«.
Mu'ezzin Gebetsausrufer des fünfmaligen täglichen Gebets der Muslime
Muhammed Mohammed, der Prophet des Islam
Mujtahid Gewissenhaft
Mu'min Gläubiger, Vertrauender. Mehrzahl: Mu'minun
Munafiq Leugner. Wörtlich: Der die Wahrheit Bedeckende
Munkar Einer der Grabengel, welche die Befragung der Toten durchführen
Muqarrabun Die Gottesnahen
Murid Schüler eines Scheichs (geistigen Führers), Mystiker auf dem Weg
Musa Moses
Muslim Gottergebener
Mushrikun Götzenanbeter

Nacht der Macht Laylat ul-qadre. 27. Nacht des Monats Ramadan, in welcher der Koran offenbart wurde (siehe Sura 96, 1–5). Die Nacht der Macht gilt in der Deutung Ibn 'Arabis als der Leib des Propheten Mohammed. Es heißt, die Nacht der Macht gewähre so viel Segen (Barakat) wie dreißigtausend andere Nächte.
Nafs Begierden-Ich, Ich-Gestalt. Bezeichnung der ungeläuterten Seele. Eines der feinstofflichen Strahl- und Empfangszentren der Lehre der Sufi.
Nakir Einer der Grabengel, welche die Befragung der Toten durchführen
Nusfu Sha'ban Achter Monat des islamischen Kalenders

'Omar Zweiter Khalif (Nachfolger) des Propheten Mohammed
'Othman Dritter Khalif (Nachfolger) des Propheten Mohammed

Qitmir Einer der Namen des Hundes der Höhle (18. Sure des Koran)

Rahim »Der Allbarmherzige«. Einer der Erhabenen Namen Gottes, der auf die göttliche Barmherzigkeit verweist, welche sich auf Erden verwirklicht
Rahman »Der Gnädige«. Einer der Erhabenen Namen Gottes, der auf die im Himmel wirkende göttliche Barmherzigkeit verweist
Rahtq Nektar
Rajab (Ragab) Siebenter Monat des islamischen Jahres
Ramadan Islamischer Fastenmonat. Ramadan gilt als der heiligste der islamischen Monate. Das Fasten im Ramadan gehört zu den Pflichten der Muslime.
Ridwan Der Hüter des Gartens (Paradieses)
Riwan Astralkörper
Ruh Geist, Seele. Eines der feinstofflichen Strahl- und Empfangszentren. Ruh Allah, Geist Gottes, ist die koranische Bezeichnung Jesu.
Ruhaniyun Die Seelenhaften, die Geistigen, die Körperlosen
Ruku' Rituelle Verbeugung während des Gebets
Ruman Einer der Grabesengel

Sadaqa Freiwillige Almosengabe
Safi »Der Reine«
Sahi Sammlung von Hadithen des Überlieferers Imam Abdul Hussein Muslim
Sa'ir Name des sechsten Gartens (Paradieses); wörtlich: »das Andere«
Salat Rituelles islamisches Gebet
Salih Warner und Prophet des Thamud-Volkes (Über die Geschichte der Kamelstute als Sinnbild siehe Koran, Sure 7,73–79)
Salihun Die Edlen und Aufrichtigen. Islamischer Ehrentitel
Salsabil Einer der Flüsse des Gartens (des Paradieses); wörtlich: »leicht zu trinken«
Samawat Die Himmel
Saqar Eines der Tore des Feuers (der Hölle)
Sayyid siehe: Seyyid
Seyyid Titel eines Abkömmlings des Propheten Mohammed
Seyyidina Herr, Prinz; Ehrentitel eines Nachfolgers des Propheten Mohammed
Sha'ban Achter Monat des islamischen Jahres
Shahada Islamisches Glaubensbekenntnis
Shajaratu'l-yaqin Baum der Gewißheit
Shaitan Satan

Shaiyatin Mehrzahl von »Shaitan«
Shari'a »Straße«. Bezeichnung des göttlichen Gesetzes
Sherif Der Ehrenvolle. Islamischer Ehrentitel
Siddiqun »Die Aufrechten«
Sidq »Der Aufrichtige«. Ehrentitel des Islam
Sijjin Nach dem Koran gibt es unter den sieben Himmeln die sieben Erden (oder Höllen), deren unterste als »Sijjin« bezeichnet wird.
Sirat Brücke über das Feuer, die zum Garten führt
Subhanallah »Preis sei Allah!«. Rituelle Erinnerungsformel des Gebetes
Sufi Islamischer Mystiker; wörtlich: »Der in Wolle Gekleidete«
Sujud Rituelle Niederwerfung während des Gebetes
Sukun Phonetisches »Stille«-Zeichen des arabischen Alphabets
Suleyman Salomon
Sunna Der Brauch des Propheten Mohammed
Surat al-Baqara Zweite Sure des Koran (Die Kuh)

Ta'if Ort in der Nähe Mekkas
Tajalliyat (Tagalliyat) Wunderhafte Offenbarung; Offenbarung der höchsten Eigenschaften Gottes
Tariq »Der Weg, der Pfad«. Lebensweise. Bezeichnung eines islamischen Ordens. Mehrzahl: Turuq
Tasbih Preisung. Bezeichnung des islamischen Rosenkranzes
Tasnim Eines der Gewässer des Gartens (Paradieses)
Tawhid Islamisches Einheitsbekenntnis des »Einen Gottes«
Tiwarim Einer der Namen des Hundes der Höhle (18. Sure des Koran)
Tuba Segensbaum des Gartens (Paradieses)
Tunbur Mandoline

'Ulama Gemeinschaft der Wissenden
'Umra Rituelle Umwandlung der Ka'ba während der Haĝĝ (siehe dort)
'Uzayr Jüdischer Prophet (Ezra), welcher von einigen als »Sohn Gottes« bezeichnet wurde (Sura 9,30)

Wali Gottesnaher, Gottesfreund. Bezeichnung eines islamischen Heiligen
Wudu' Rituelle Waschung vor dem Gebet

Yarhamaka rabbuk »Der Herr erbarme sich deiner!«
Yunus Jonas

Zabaniya Strafengel des Feuers (der Hölle)
Zahid Frommer, aufrichtiger Mensch

Zakat Almosensteuer. 2,5 Prozent des freiverfügbaren Vermögens unter Berücksichtigung einer Jahresrücklage für die Lebensführung der Familie
Zanjabil Ingwer
Zaqqum Bittere Früchte des Feuers